Zur Entwicklung der Erwachsenenbildung in Österreich nach 1945

WIENER MODERNE

SCHRIFTENREIHE DES INSTITUTS FÜR WISSENSCHAFT UND KUNST

Herausgegeben von Johann Dvořák

BAND 2

PETER LANG
EDITION

Angela Bergauer/ Johann Dvořák/Gernot Stimmer

Zur Entwicklung der Erwachsenenbildung in Österreich nach 1945
Strukturen, Zusammenhänge und Entwicklungen

PETER LANG
EDITION

Bibliografische Information der Deutschen Nationalbibliothek
Die Deutsche Nationalbibliothek verzeichnet diese Publikation
in der Deutschen Nationalbibliografie; detaillierte bibliografische
Daten sind im Internet über http://dnb.d-nb.de abrufbar.

Gefördert durch das Bundesministerium für Bildung und Frauen

BF
BM Bundesministerium für
Bildung und Frauen

ISSN 1610-6792
ISBN 978-3-631-63318-2 (Print)
E-ISBN 978-3-653-04999-2 (E-Book)
DOI 10.3726/978-3-653-04999-2

© Peter Lang GmbH
Internationaler Verlag der Wissenschaften
Frankfurt am Main 2016
Alle Rechte vorbehalten.
Peter Lang Edition ist ein Imprint der Peter Lang GmbH.

Peter Lang – Frankfurt am Main · Bern · Bruxelles ·
New York · Oxford · Warszawa · Wien

Diese Publikation wurde begutachtet.

www.peterlang.com

Inhaltsverzeichnis

Vorwort

Die vorliegende Publikation „Zur Entwicklung der Erwachsenenbildung in Österreich nach 1945" nähert sich dem Thema auf verschiedenen Ebenen.

Zum einen wird die Wieder- bzw. Neugründung von Einrichtungen der österreichischen Erwachsenenbildung beleuchtet und der Frage nachgegangen, ob und wo es Anknüpfungspunkte an die Erwachsenenbildung der Monarchie und der Ersten Republik gibt. Durch die Heranziehung bisher wenig (oder gar nicht) verwendeter Materialien konnten die AutorInnen auch einige der Gründungsmythen der österreichischen Erwachsenenbildung nach 1945 in einem differenzierten Licht erscheinen lassen.

Breiten Raum nimmt die Geschichte und Entwicklung der 1972 gegründeten Konferenz der Erwachsenenbildung Österreichs (KEBÖ) und ihre Rolle als gesamtösterreichische Vertretung der im Erwachsenenbildungs-Förderungsgesetz erwähnten gemeinnützigen Einrichtungen der Erwachsenenbildung ein.

Eine Kurzbeschreibung der in den Jahren 2000 bis 2014 gesetzten vielfältigen bildungspolitischen Maßnahmen für die österreichische Erwachsenenbildung reflektiert die (Aus)Wirkungen dieser Initiativen auf die Weiterentwicklung der KEBÖ-Institutionen.

Als einer der roten Fäden durch die Geschichte der Erwachsenenbildung zieht sich die Bemühung der KEBÖ-Verbände, die Weiterbildung als wesentlichen und eigenständigen Sektor des österreichischen Bildungssystems herauszustellen und die Erwachsenenbildung als innovative Kraft der Vermittlung zwischen Schulbildung, Berufsbildung und Universität sowie zwischen Wissenschaft, Kultur und Alltagswelt zur Geltung zu bringen.

Die Frage, wie mit der Spannung der Integration in ein Bildungswesen (das in der Erstausbildung ja zusehends versagt) und der Betonung der Eigenständigkeit und des innovatorischen Charakters der Erwachsenenbildung umzugehen ist, wird auch in den „Sozialwissenschaftlichen Exkursen" theoretisch reflektiert.

Gerade in einer Zeit, in der die Erwachsenenbildung immer mehr als „Reparaturwerkstätte" für die mangelhafte Grundausbildung dienen soll, ist eine Auseinandersetzung mit den Besonderheiten einer Bildungsarbeit mit Erwachsenen notwendig und die Erinnerung an die „Volksbildung" bei der Bewältigung zukünftiger Herausforderungen, vor denen unsere Gesellschaft steht, hilfreich.

Ein weiterer Beitrag dieser Publikation befasst sich mit der Darstellung der Erwachsenenbildung in den Printmedien dieses Landes und stellt damit eine – wenn auch eingeschränkte – Außensicht auf die Weiterbildungslandschaft dar.

Auch wenn auf den ersten Blick die Beiträge zu diesem Buch als sehr unterschiedliche Zugänge zum Thema erkennbar sind, leisten sie gemeinsam eine reflektierte Beschreibung von Strukturen und Entwicklungen der österreichischen Erwachsenenbildung und setzen sich mit einer Reihe bemerkenswerter – und auch interpretationsbedürftiger – Phänomene im Bereich des Bildungswesens auseinander.

Damit stellt diese Publikation einen weiteren Schritt zur Aufarbeitung der Geschichte der österreichischen Erwachsenenbildung dar, lädt aber auch ein, sich mit der gesellschaftlichen und sozialen Relevanz der Bildungsarbeit mit Erwachsenen und den dafür vorhandenen bzw. notwendigen Rahmenbedingungen auseinanderzusetzen.

Angela Bergauer

Johann Dvořák

Zur Geschichte der Bildungsarbeit mit Erwachsenen in Österreich – eine Skizze

Vorbemerkung

„Eine Geschichte der österreichischen Erwachsenenbildung ist noch nicht geschrieben worden. Aus den verschiedenen Teilpublikationen und Monographien, welche einerseits aus den zwanziger Jahren, andrerseits aus den fünfziger Jahren stammen, und sowohl von Österreichern als von Deutschen verfaßt wurden, geht aber deutlich hervor, welch bedeutsamer Anteil an der Geschichte der europäischen Erwachsenenbildung dem Schaffen der österreichischen Volksbildner zukommt.“[1]
Wolfgang Speiser [1965]

„Die »Geschichte der Erwachsenenbildung« hat sich in den letzten drei Jahrzehnten zu einer Subdisziplin der Weiterbildungswissenschaft entwickelt. Damit hat sie, aus der Praxis kommend, Universitäten erreicht. In der Erwachsenenbildung selbst ist sie mit Schwerpunkt auf Volkshochschulen seit langem verankert, wenngleich sie nicht immer wissenschaftlich betrieben wird. Überhaupt nicht präsent ist die Geschichte der Erwachsenenbildung außerhalb der Weiterbildungswissenschaft in anderen Sektoren des Bildungssystems und in der Geschichtswissenschaft. In der Öffentlichkeit ist sie weitgehend unbekannt. Der Kreis der Spezialisten und Spezialistinnen, die sich mit ihr intensiv beschäftigen, ist klein, und das nicht nur in Österreich. Dabei handelt es sich bei der Erwachsenenbildung um den seit langem von der Zahl der Teilnahmen her größten Bildungssektor.“[2]
Wilhelm Filla [2014]

Geschichtswissenschaft soll nicht nur Geschehenes erzählen, sondern vor allem gesellschaftliche Vorgänge erklären.

Je mehr wir gesellschaftliche Vorgänge der Vergangenheit erklären und verstehen können, desto besser können wir die Gesellschaft (oder Teile der Gesellschaft), in der wir leben, bewusst und planvoll zum Besseren hin gestalten.

Die herkömmliche Geschichtsschreibung über die Erwachsenenbildung in Österreich hat sich lange Zeit durch eine seltsame Anhäufung von Personen und Einrichtungen ausgezeichnet:

---

1 Hans Altenhuber und Adalbert Pfniß, *Bildung, Freiheit, Fortschritt. Gedanken österreichischer Volksbildner* (Wien: Verband Österreichischer Volkshochschulen, 1965) 5

2 Wilhelm Filla, *Von der freien zur integrierten Erwachsenenbildung. Zugänge zur Geschichte der Erwachsenenbildung in Österreich* (Frankfurt/M.: Peter Lang, 2014) 9

da gab es den Erzherzog Johann und den Dichter Adalbert Stifter, Schöpfer und Verwalter vereinzelter lokaler Bildungseinrichtungen in ländlichen Gebieten, und dann gegen Ende des 19. Jahrhunderts die Volkshochschulen, insbesondere in Wien.

Zum einen ist dies der Ausdruck des objektiven Elends des Bildungswesens seit der habsburgischen Gegenreformation gewesen, zum andern aber auch der Ausdruck des Elends der Geschichtsschreibung.

Dort, wo die Notwendigkeit und die Mühsal der Organisierung von Bildungsprozessen alles andere überlagert, wird kaum die theoretische Reflexion des Bildungsgeschehens betrieben; es wird in der Geschichtsschreibung ein Typus von beschreibenden, feiernden und lobenden Texten vorherrschen.

Wird die Geschichte des Bildungswesens auf dem Gebiete des heutigen Österreichs, und insbesondere die Geschichte der Erwachsenenbildung, untersucht, so sind zunächst die Brüche, die Diskontinuitäten in der Herstellung eines Systems der einigermaßen systematischen Erziehung der Bevölkerung auffallend; ebenso wie die zahlreichen Verdrängungen wichtiger Vorgänge und die völlig unkritische Wiedergabe von obrigkeitlichen Bemühungen um die Erziehung der Bevölkerung.

In den Anfängen der protestantischen Reformation herrschte bei deren maßgeblichen Vordenkern die Vorstellung, einzig von der Erziehung der Kinder, von der Schaffung von Schulen in jedem Dorfe, hinge die Zukunft des Protestantismus ab.[3]

Diese Vorstellung ist unter religiösen Vorzeichen nicht verwirklicht worden.

Die protestantische Reformation in Europa bestand in einer Vielzahl von sozialen Bewegungen (z.T. unterstützt von fürstlichem Absolutismus), wesentlich getragen von Selbstbildungsprozessen Erwachsener.

Die habsburgische Gegenreformation (beginnend etwa um 1600) hat dem in Mitteleuropa ein Ende gemacht und die bestehende „Kultur des Buches" (zusammen mit der entstehenden „Kultur der Arbeit") gründlich zerstört.[4]

Alle Versuche einer allgemeinen Bildung des Volkes im 18. und 19. Jahrhundert dienten der nachholenden Reparatur der gegenreformatorischen Verwüstungen im 17. Jahrhundert.

Die Versuche einer umfangreicheren Bildungsarbeit mit Erwachsenen im späten 19. und frühen 20. Jahrhundert sind ansatzweise gelungen im Zusammenhang

---

3   Gerald Strauss, „The State of Pedagogical Theory c. 1530: What Protestant Reformers Knew About Education", Ed. Lawrence Stone, Schooling and Society (Baltimore and London: The Johns Hopkins Press, 1976) 70f

4   Siehe dazu: Johann Dvořák, *Geschichte – Politik – Wissenschaft* (Wien: Facultas, 2015) 41–52

mit der Arbeiterbewegung, den Volkshochschulen und den Bemühungen um eine „extramurale" universitäre Volksbildung (nach englischem Vorbild).

Die kulturellen Zerstörungen der habsburgischen Gegenreformation hatten ein derartiges Ausmaß, dass bis heute die Erinnerung an gelegentliche Ansätze von Selbstbildung im Volke von der sozialwissenschaftlichen Forschung kaum wahrgenommen wird[5] und in der Geschichtsschreibung der Pädagogik vor allem an die Versuche der Einführung von Volksschulen unter Maria Theresia oder später an das Reichsvolksschulgesetz unter Franz Joseph erinnert wird.

I. Selbstbildung und Institutionen der Erziehung

„Eine Anweisung zu suchen und zu finden,
wie die Lehrenden weniger lehren,
die Lernenden aber mehr lernen;
die Schulen weniger Lärm, Widerwillen
und vergebliche Arbeit, aber mehr Muße,
Vergnügen und tüchtigen Fortschritt zeigen ..."[6]
„... die gesamte Kunst, alle alles zu lehren,
und zwar zuverlässig zu lehren, so daß der Erfolg
nicht ausbleiben könne; ferner leicht zu lehren,
nämlich ohne Plage oder Widerwillen für Lehrende
und Lernende, sondern vielmehr zur höchsten
Annehmlichkeit für beide; weiter gediegen zu lehren,
nicht bloß oberflächlich und zum Scheine, sondern um
zur wahren Wissenschaft ... hinzuführen."[7]
„Die Beispiele der Autodidakten zeigen uns aufs deutlichste,
daß der Mensch ... zu allem hindurchdringen kann. Denn größere Fortschritte

---

5   Aber Spuren solcher Selbstbildungsprozesse sind immer wieder wahrgenommen worden, als Elemente einer „Tradition der Unterdrückten". Siehe z.B.: Ernst Wangermann, *Von Joseph II. zu den Jakobinerprozessen* (Wien: Europa Verlag, 1966) 28–32; Johann Dvořák, *Geschichte – Politik – Wissenschaft* (Wien: Facultas, 2015) 15–19, 69–91; oder Hinweise auf den „Bauernphilosophen" aus dem Salzkammergut, Konrad Deubler, bei Johannes Sachslehner, *Bad Ischl* (Wien: Pichler Verlag, 2012) 19–24, 31–35

6   Johann Amos Comenius, *Große Unterrichtslehre. Einleitung, Übersetzung und Kommentar von Gustav Adolf Lindner* (Wien und Leipzig: A. Pichlers Witwe & Sohn, 1912) 2

7   Johann Amos Comenius, *Große Unterrichtslehre. Einleitung, Übersetzung und Kommentar von Gustav Adolf Lindner* (Wien und Leipzig: A. Pichlers Witwe & Sohn, 1912) 3

*haben manche gemacht, die allein gelernt, oder denen ... die Eichen und Buchen
Lehrer waren (indem sie in den Wäldern spazieren gingen und studierten),
als andere bei mühevollem Unterricht bei Lehrmeistern.*"[8]
Jan Amos Comenius

Für uns heute ist es geradezu selbstverständlich, Erziehung oder Bildung mit
Schule – und zwar mit jener Art Schule, wie wir sie eben kennen oder kennen
gelernt haben – zu verbinden. So zwingend ist dieser Schein, dass etwa Erwachsenenbildung häufig entweder als gesellschaftlich weitgehend bedeutungs- und
wertlose Freizeitbeschäftigung, oder aber als Abziehbild des gängigen Schulwesens
vorgestellt wird.

Demgegenüber ist zu erinnern an die wirkliche Geschichte der Entstehung
und Entwicklung des heutigen Erziehungswesens in Europa; daran, dass, bis hin
zur Durchsetzung der allgemeinen staatlichen Schule und der allgemeinen Schulpflicht, Erziehung und Kultur als einander sehr nahe stehende soziale Bereiche
begriffen werden konnten.

Die Erziehung der Massen mochte durchaus noch durch Kunst, Literatur
und dergleichen erfolgen: durch kommerziell verwertbare Prozesse einer frühen
Kultur-Industrie, ebenso wie durch Volksbildung, in Form von regelmäßigen Vorträgen, verbunden mit Prozessen der Selbsterziehung und der Selbstkultivierung.

Die längste Zeit in der neueren Geschichte überwogen bei Bildung oder Erziehung die autodidaktischen Elemente; und auch heute noch machen sie einen un-
verzichtbaren – und sogar ziemlich bedeutenden – Teil aller Bildungsprozesse aus.

Doch diese Elemente der Selbstunterrichtung sind weitgehend aus dem Bewusstsein der Lehrenden und Lernenden (und auch der mit Bildung sich be-
schäftigenden Wissenschafts-Disziplinen) verdrängt worden – zugunsten einer
Konzeption des zwangsweisen, durch erfolgreiche Prüfungen zu bestätigenden,
außengeleiteten, Lernens.

In Meyers Konversations-Lexikon aus dem Jahre 1897 findet sich folgende
Eintragung:

„**Autodidakt** (griech., »Selbstgelehrter«), ein Mensch, welcher in einer Kunst
oder Wissenschaft einen gewissen Grad von Tüchtigkeit erlangt hat, ohne darin
unmittelbar unterrichtet worden zu sein. Oft versteht man unter Autodidakten
auch solche, die in dem Fach ihres Wissens und Könnens nur des mündlichen,
schulgerechten Unterrichts entbehrt, dagegen im selbständigen Studium Bücher,
Muster und andere Lehrmittel benutzt haben. Man findet bei Autodidakten als

---

8   Johann Amos Comenius, *Große Unterrichtslehre. Einleitung, Übersetzung und Kommentar von Gustav Adolf Lindner* (Wien und Leipzig: A. Pichlers Witwe & Sohn, 1912) 34

Folge ihres eigentümlichen Bildungsganges in der Regel Kraft, Selbständigkeit und Gewandtheit des Geistes, nicht selten indessen auch Einseitigkeit und Selbstüberschätzung ausgeprägt. Das glänzendste Beispiel eines Autodidakten in diesem weiteren Sinne ist aus der neuen Geschichte Benjamin Franklin. **Autodidaxie**, das Lernen ohne Lehrer."[9]

Im Begriff des Autodidakten steckt noch etwas an Freiheit und an Übersichselbstbestimmenkönnen; der Erwerb von Wissen und Können hat dabei noch etwas zu tun mit nichtentfremdeter, nicht von anderen bestimmter, befreiter und befreiender, Arbeit. Diese Art von Lern- und Denk-Arbeit hat eben auch mit Freude und Glück zu tun.

In der Lexikon-Definition wird allerdings auch bereits angedeutet, dass Selbstunterrichtung etwas Unerwünschtes an Folgen in sich bergen könnte: die mangelnde soziale Kontrolle beim freien Selbststudium mag zu „Einseitigkeit und Selbstüberschätzung" verleiten.

Unkontrollierte Lektüre und freie Selbstunterrichtung stehen daher im Geruch der sozialen Isolierung und des Eigenbrötlertums.

Zwar wird – zum Beispiel in Erklärungen der Europäischen Union – nunmehr häufig auf die Bedeutung des sogenannten autonomen Lernens, des Selbststudiums und Fernunterrichts, auf die Individualisierung des Lernens hingewiesen, doch all das scheint weniger auf die Interessen und Bedürfnisse der Individuen abzuzielen, denn auf kostengünstigere, für die Anbieter billigere, Formen des Lehrens und Lernens und zugleich auf eine Entlastung der Unterrichtsinstitutionen und der Lehrenden von der Verantwortung für die tatsächliche Vermittlung von Kenntnissen und Fertigkeiten: Die bisherige institutionelle Verantwortung wird stärker in den Bereich der Autonomie der Individuen verlagert, ohne diesen Individuen je auch die notwendigen Voraussetzungen dafür vermittelt zu haben.

Bildung oder Erziehung erscheinen zunehmend als eine Summe von, über ein Leben lang verteilten, Zwangsveranstaltungen. Weitgehend vergessen und verdrängt werden darüber historische Erfahrungen und Zusammenhänge, die Bildung als Selbst-Bildung in Verbindung mit der Erringung politischer Rechte, mit sozialen Bewegungen, mit der Verbesserung der Lebenslage bringen.

Wird die enorme Bedeutung der Autodidaktik einigermaßen adäquat begriffen, dann verändert dieses Verständnis den Zugang zu allen sozialwissenschaftlichen Untersuchungen der Erwachsenenbildung und eröffnet neue Wege jeder zukünftigen Bildungsarbeit mit Erwachsenen.

---

9   Meyers Konversationslexikon. Zweiter Band (Leipzig und Wien: Bibliographisches Institut 1897) 252

Wenn eigenständiges Lesen und (individuelle wie gemeinschaftliche)Verarbeitung des Gelesenen in den Mittelpunkt sozialwissenschaftlicher Forschung rückt, dann wäre viel öfter zu untersuchen, was denn von wem und in welcher Weise gelesen wurde.

In Bezug auf die Volksbildung um 1900 in Wien lässt sich sehen, dass Vortrags- und Kurstätigkeit eng verknüpft war mit der Einrichtung von Leseräumen und Leihbibliotheken und dem eigenständigen Lesen der Teilnehmerinnen und Teilnehmer an den Bildungsveranstaltungen.

Gerade die enge Verbindung zwischen wissenschaftlicher Weltauffassung und der Wiener Volksbildung (ebenso wie die Ausformung von Arbeitsgemeinschaften im Volksheim) lässt sich vor dem Hintergrund von Selbstbildungsprozessen viel besser verstehen.

II. Zu Begriff und Praxis der Volksbildung in Österreich in der späten Habsburger-Monarchie und in der Ersten Republik

„... *this philosophy [the logical empiricism of the Vienna Circle] was to perform important social functions: to stimulate a scientific approach in people to their own convictions and thereby to help eradicate irrational prejudice, ideological fanaticism, and the use of brute force in public affairs. It was not to be just a science, but also to perform an educational task in the struggle against irrational beliefs that poison collective life and give rise to attempts to impose them by force. ...*

The positivists of that day liked to repeat Locke's saying that we may hold any belief only with such a degree of certitude as the degree of justification warrants. This slogan, which briefly sums up the fundamental rule of practical rationalism, was directed against all ideological pressures and fostered a spirit of tolerance in collective life.

The positivists championed a scientific attitude to the world as a social slogan that was to defend democracy, tolerance, and cooperation. They professed a kind of utopianism, based on the assumption that the attitude of the intellectual whose convictions are more or less determined by the rigours of scientific thinking could become the socially dominant way of thinking, and that the independent position of the intellectual could serve as a model towards which a well-organized education might lead society as a whole."[10]
Leszek Kolakowski

Bildung und Volk – und somit auch Volksbildung – sind im neuzeitlichen Europa Begriffe, die in engem Zusammenhang stehen mit Auseinandersetzungen um die Kontrolle, Einschränkung und Beseitigung absolutistischer Fürstenherrschaft, sowie mit Auseinandersetzungen um die demokratische Kontrolle verschiedener

---

10 Leszek Kolakowski, *Positivist Philosophy. From Hume to the Vienna Circle* (Harmondsworth: Penguin, 1972) 207f

religiöser, wirtschaftlicher und politischer Institutionen, und mit der bewussten Gestaltung des individuellen und gemeinschaftlichen Lebens.

Lesen, öffentlich reden, schreiben zu können hatte etwas zu tun mit den Möglichkeiten der planvollen Lebensgestaltung und der Verbesserung der Lebenslage.

Lesen zu lernen, lesen zu können und das Gelesene zu einem besseren Verständnis der Welt und des eigenen Lebens zu verarbeiten, war für viele Menschen im neuzeitlichen Europa die einzig mögliche und wichtigste Art der Teilhabe an Bildungsprozessen.[11]

Auch in Wien zu Ende des 19. und zu Beginn des 20. Jahrhunderts ist der enge Zusammenhang zwischen Volkshochschule, Leihbibliotheken und öffentlich zugänglichen Leseräumen auffällig: Volksbildung war nicht als bloße Belehrung von oben gedacht, sondern als Befähigung zu eigenständigem Lesen und zur Förderung eigenständiger Bildung – und all das zur Förderung von eigenständigem individuellen und kollektiven Handeln.

Im Zusammenhang mit dem Deutschnationalismus wurde der ursprüngliche soziale Charakter des Volksbegriffes in nationalistisch-rassistischer Weise umgedeutet.

Vertreter der sogenannten Leipziger Schule des Volksbüchereiwesens, einer völkisch-deutschnational ausgerichteten Strömung, sahen in der Volksbildung ein Mittel der Erziehung des Volkes (das heißt der unteren Klassen) zur politischen Unmündigkeit, zur Unterwerfung unter die Herrschenden, zur Eingliederung in die deutsche Volksgemeinschaft:

„Durch Volksbildung zur Volk-Bildung", lautete die Zielsetzung; oder, mit den Worten von Walter Hofmann (dem Begründer der „Leipziger Schule"): „Volksbildungsarbeit als Arbeit der Bildung zum Volke".[12]

Walter Hoffmann wandte sich gegen „die Bestrebungen, … dem Arbeiter den Kritizismus nahezubringen, ihn zu ‚erschüttern', ihm zunächst einmal ‚alles fragwürdig' zu machen, ihn ‚Probleme sehen' zu lehren, um ihm dann die Mittel an die Hand zu geben, Probleme geistig selbständig zu bearbeiten".

Er meinte: „Denn wir würden damit nicht volk-bildend, sondern wir würden volk-auflösend wirken, so wie Kritizismus, Problematik, Autonomie der Vernunft

---

11 Siehe dazu auch: Johann Dvořák, „Aufbrüche und Zusammenhänge. Eigenständige Bildung des Volkes in Österreich durch Literatur und Lesen", *Plädoyer für eine gesellschaftspolitische Erwachsenenbildung. Festschrift für Hans Altenhuber. Hrsg. von Christian H. Stifter und Wilhelm Filla* (Innsbruck: StudienVerlag, 2013) 76–97

12 Walter Hofmann, „Menschenbildung, Volksbildung, Arbeiterbildung in der volkstümlichen Bücherei", *Archiv für Erwachsenenbildung. Organ des Hohenrodter Bundes* Heft 2 (1925): 102

in der bürgerlichen Gesellschaft volkauflösend gewirkt haben. Für die allermeisten Menschen – nicht nur für den Arbeiter – bedeutet Erziehung zum Kritizismus ja nichts anderes als Erziehung zum Skeptizismus, zum Relativismus, und damit zur inneren Ratlosigkeit und zur Verzweiflung.

So erblicken wir die vornehmste – keinesfalls die alleinige – Aufgabe der Arbeiterbildung im Sinne der Volk-Bildung nicht in Intellektübungen, sondern in Seelenkräftigung."[13]

Dem gegenüber waren die in Wien um 1900 dominanten Strömungen der Volksbildung eher einer wissenschaftlichen Weltauffassung und der allgemeinen Aufklärung der Bevölkerung verpflichtet.

Die wissenschaftliche Weltauffassung trachtete nach der Befähigung der Individuen zur intellektuellen Selbstorganisation und bewusster Lebensgestaltung, sowie – damit untrennbar verbunden – zur kollektiven, demokratischen Gestaltung der Gesellschaft.

Der bedeutende Physiker und Wissenschaftstheoretiker Ernst Mach (1838 – 1916), der an den Universitäten von Prag und Wien lehrte und einer der Ahnherrn der wissenschaftlichen Weltauffassung war, setzte sich in der – 1905 erstmals erschienenen – Schrift *Erkenntnis und Irrtum* mit grundsätzlichen theoretischen Fragen der (Natur-)Wissenschaft auseinander.

Er hielt es für äußerst wichtig, „zwischen Begriff und Gesetz einerseits und Tatsache anderseits scharf zu unterscheiden"[14].

Die Bildung von Begriffen und die Formulierung von Aussagen über Regelmäßigkeiten und Gesetzmäßigkeiten bei Vorgängen in Natur und Gesellschaft sind Versuche der Menschen, die Wirklichkeit in den Griff zu bekommen, sie gestaltbar zu machen.

„Die *vielfache, möglichst allgemeine* Anwendbarkeit der Naturgesetze auf konkrete tatsächliche Fälle wird nur möglich durch *Abstraktion, durch Vereinfachung, Schematisierung, Idealisierung* der Tatsachen, durch gedankliche Zerlegung derselben in solche einfache Elemente, dass aus diesen die gegebenen Tatsachen mit zureichender Genauigkeit sich wieder gedanklich aufbauen und zusammensetzen lassen. … Unsere Naturgesetze bestehen also aus einer Reihe für die Anwendung bereit liegender, für diesen Gebrauch zweckmäßig gewählter Lehrsätze. Die Naturwissenschaft kann aufgefasst werden als eine Art *Instrumentensammlung* zur

13 Walter Hofmann, „Menschenbildung, Volksbildung, Arbeiterbildung in der volkstümlichen Bücherei", *Archiv für Erwachsenenbildung. Organ des Hohenrodter Bundes* Heft 2 (1925): 88
14 Ernst Mach, *Erkenntnis und Irrtum* (Darmstadt: Wissenschaftliche Buchgesellschaft, 1976) 456.

gedanklichen Ergänzung irgend welcher teilweise vorliegender Tatsachen oder zur möglichsten Einschränkung unserer Erwartung in künftig sich darbietenden Fällen."[15]

Die Natur wird nicht vorgestellt als ein gewaltiger Mechanismus mit strengen, unveränderbaren, ewigen Gesetzen, sondern als ungeordnet, chaotisch; wissenschaftliche Tätigkeit bedeutet von daher zunächst das theoretische Ordnen, Strukturieren der ungeordneten Welt und schließlich ihre planvolle Gestaltung.

Die Menschen treten dieser Welt nicht von außen gegenüber, und die Welt (das heißt: Natur und Gesellschaft) ist für die Menschen kein jenseitiges Objekt; wir selbst sind Bestandteile dieser Welt, die wir uns – durch theoretische und praktische Arbeit – tätig aneignen können.

Mit den Worten Ernst Machs ausgedrückt, heißt dies:

„Ist das Ich keine von der Welt isolierte Monade, sondern ein Teil der Welt und mitten im Fluß derselben darin, aus dem es hervorgegangen und in den zu diffundieren es wieder bereit ist, so werden wir nicht mehr geneigt sein, die Welt als ein *unerkennbares Etwas* anzusehen. Wir selbst sind uns dann *nahe* genug und den anderen Teilen der Welt *verwandt* genug, um auf wirkliche Erkenntnis zu hoffen."[16]

Die Mach'sche Konzeption von Wissenschaft, die Betonung des Werkzeugcharakters der Theorie, die Betonung der tätigen Gestaltung der Welt durch Arbeit wurde auch verknüpft mit der Hoffnung auf eine allgemeine Verbesserung der Lebenslage.

Gemäß der Mach'schen Konzeption war Wissenschaft ein kollektiver, sozialer Prozess der *einheitlichen* Welterkenntnis und Weltgestaltung (und nicht bloß die Summe der Erkenntnisse genialischer Einzelpersönlichkeiten).

Dies wiederum bedeutete eine kulturelle Affinität zu den arbeitenden Klassen, die über eine bloße Sympathie mit der Sache der Arbeiterbewegung weit hinausging.

Wissenschaftliche Weltauffassung bedeutete für viele lesende und selbständig denkende Arbeiter zu Ende des 19. und Beginn des 20. Jahrhunderts die Verknüpfung radikaler bürgerlicher Aufklärung (aus der revolutionären Epoche des Bürgertums) mit radikalen Strömungen der Arbeiterbewegung, insbesondere mit rätedemokratischen und rätesozialistischen Bestrebungen; dies bestärkte sie in der

---

15 Ernst Mach, *Erkenntnis und Irrtum* (Darmstadt: Wissenschaftliche Buchgesellschaft, 1976) 455

16 Ernst Mach, *Erkenntnis und Irrtum* (Darmstadt: Wissenschaftliche Buchgesellschaft, 1976) 462

Fähigkeit und Neigung zum selbständigen politischen Handeln, zur Verknüpfung von ausgeprägtem Individualismus und Kollektivität.

Im Jahre 1929 wurde im Rahmen der „Veröffentlichungen des Vereines Ernst Mach" die Schrift „Wissenschaftliche Weltauffassung – Der Wiener Kreis" publiziert.[17]

Im Geleitwort wird darauf hingewiesen:

„Der «Wiener Kreis» der wissenschaftlichen Weltauffassung … besteht aus Menschen gleicher wissenschaftlicher Grundeinstellung; der einzelne bemüht sich um Eingliederung, jeder schiebt das Verbindende in den Vordergrund …

Der Wiener Kreis ist bestrebt, mit Gleichgerichteten Fühlung zu nehmen und Einwirkungen auf Fernerstehende auszuüben. Die Mitarbeit im *Verein Ernst Mach* ist der Ausdruck für dieses Bemühen."[18]

Weiter heißt es: „Das Bestreben geht dahin, die Leistungen der einzelnen Forscher auf den verschiedenen Wissenschaftsgebieten in Verbindung und Einklang miteinander zu bringen. Aus dieser Zielsetzung ergibt sich die Betonung der *Kollektivarbeit* …

Sauberkeit und Klarheit werden angestrebt, dunkle Fernen und unergründliche Tiefen abgelehnt.

In der Wissenschaft gibt es keine ‚Tiefen'; überall ist Oberfläche …

Alles ist dem Menschen zugänglich; und der Mensch ist das Maß aller Dinge. Hier zeigt sich die Verwandtschaft mit den Sophisten, nicht mit den Platonikern; mit den Epikureern, nicht mit den Pythagoreern; mit allen, die irdisches Wesen und Diesseitigkeit vertreten. Die wissenschaftliche Weltauffassung kennt *keine unlösbaren Rätsel*."[19]

Bemerkenswert ist, wie sehr die Notwendigkeit geplanter, gemeinsamer, zusammenhängender Arbeit der Wissenschaftler hervorgehoben wird. Dazu hatte Rudolf Carnap 1928 im Vorwort zu seinem Buch *Der logische Aufbau der Welt* gemeint:

„Die hier niedergeschriebenen Gedanken fühlen sich getragen von einer Schicht von tätig oder aufnehmend Mitarbeitenden. Gemeinsam ist dieser Schicht vor allem eine gewisse wissenschaftliche Grundeinstellung. … der Einzelne unternimmt nicht mehr, ein ganzes Gebäude der Philosophie in kühner Tat

---

17 Otto Neurath, *Gesammelte philosophische und methodologische Schriften* (Wien: Hölder-Pichler-Tempsky, 1981) 299–336

18 Otto Neurath, *Gesammelte philosophische und methodologische Schriften* (Wien: Hölder-Pichler-Tempsky, 1981) 300

19 Otto Neurath, *Gesammelte philosophische und methodologische Schriften* (Wien: Hölder-Pichler-Tempsky, 1981) 305

zu errichten. Sondern jeder arbeitet an seiner bestimmten Stelle innerhalb der einen Gesamtwissenschaft."[20]

Otto Neurath vertrat dann in seinem 1931 erschienenen Werk *Empirische Soziologie* die Ansicht: „Die Entfaltung der modernen Wissenschaft, die schließlich das ganze Leben einbezieht, festigt die enge Verbindung der Theoretiker mit den Praktikern."[21]

„Alle Bemühungen um Klarheit und Selbstbesinnung sind dann nicht verselbständigt, sondern eingefügt in einen handwerklichen Betrieb, der ein Werkzeug des Lebens bauen hilft."[22]

Wissenschaft wird bei Otto Neurath und anderen Vertretern des Wiener Kreises (wie Rudolf Carnap, Hans Hahn oder Edgar Zilsel) als eine kollektive Tätigkeit begriffen, als bewusst geplante und betriebene zusammenhängende, gemeinsame Arbeit der verschiedenen Spezialisten, als Beitrag zur Verbesserung des menschlichen Daseins.

Wissenschaft soll nicht länger abgehoben und getrennt sein vom Alltagsleben der Masse der Bevölkerung. Rationales Denken, Planen und Handeln soll nicht länger bloß eine Angelegenheit von Experten sein, sondern Sache möglichst aller Menschen.

Und dies sollte in dem Maße gelingen, in dem die wissenschaftliche Weltauffassung „die Formen des öffentlichen und privaten Lebens" durchdringen und „die Gestaltung des wirtschaftlichen und sozialen Lebens nach rationalen Grundsätzen leiten" helfen würde.

Wissenschaftliche Erkenntnisse und Einsichten durften demnach auch nicht das Monopol einiger Weniger sein, sondern waren allen Menschen zugänglich zu machen: alle sollten „tätig oder aufnehmend" mitarbeiten.

Von daher ergibt sich auch mit Notwendigkeit eine enge Verbindung zwischen wissenschaftlicher Tätigkeit und Bildungsarbeit; Volksbildung war also nicht die gnädige Herabneigung der Gelehrten zum minderen Publikum, sondern notwendiger Bestandteil der Wissenschaft im Rahmen einer programmatischen Neubestimmung ihrer gesellschaftlichen Stellung und Aufgaben mit dem Ziel einer systematischen Verknüpfung von Wissenschaft, Bildung und Alltagsleben.

---

20 Rudolf Carnap, *Der Logische Aufbau der Welt* (Frankfurt/M., Berlin, Wien: Ullstein, 1979) xix
21 Otto Neurath, *Empirische Soziologie. Der wissenschaftliche Gehalt der Geschichte und Nationalökonomie* (Wien: Julius Springer, 1931) 17
22 Otto Neurath, *Empirische Soziologie. Der wissenschaftliche Gehalt der Geschichte und Nationalökonomie* (Wien: Julius Springer, 1931) 17f

Praktisch umgesetzt wurde dieses Programm zumindest ansatzweise im Rahmen der Wiener Volksbildung der 20er und frühen 30er Jahre.

Dass an Volkshochschulen Wissenschaft betrieben wird, erscheint heute als völlig abwegiger Gedanke, war aber im Wien der Zwischenkriegszeit durchaus Wirklichkeit[23]:

An den Wiener Volkshochschulen hatten die damals am Weitesten fortgeschrittenen Ergebnisse der Wissenschaft, die im akademischen Lehrbetrieb oft umstritten oder verfemt waren (von der Relativitätstheorie bis zur Psychoanalyse), ebenso ihren festen Platz wie neue Modelle der wissenschaftlichen Tätigkeit und der Bildungsarbeit (zum Beispiel die *wissenschaftlichen Arbeitsgemeinschaften* im Volksheim in Ottakring).

Die Vermittlung wissenschaftlicher Erkenntnisse und ihre Verbindung mit Weltbild und Persönlichkeitsentwicklung der Teilnehmer dürfte der damaligen Wiener Volksbildung (insbesondere im Bereich des Volksheimes) in beträchtlichem Umfang gelungen sein.

Erreicht wurden alle Schichten der Bevölkerung (oft entsprechend ihrer statistischen Verteilung in der Gesamtbevölkerung), Arbeiter und Angestellte waren sogar in manchen Jahren – verglichen mit ihrem Anteil an der Gesamtbevölkerung – erheblich überrepräsentiert.[24]

So war die Wiener Volksbildung von den erreichten Adressaten her jedenfalls eine Einrichtung der allgemeinen Aufklärung (die sich eben an alle wandte); darüber hinaus aber auch eine Stätte der Bewusstseinsbildung für die arbeitenden Klassen.

Obwohl die strikte Einhaltung weltanschaulicher und politischer Neutralität zu den Grundsätzen der Wiener Volkshochschulen der späten Habsburgermonarchie und der Ersten Republik gehörte, waren offenbar zahlreiche Arbeiter sehr wohl der Meinung, dass die angebotenen Programme für ihr Leben von Bedeutung sein und sie in die Lage versetzt werden könnten, den Aufbau des eigenen Weltbildes und Lebensplanes zu betreiben.

Es wird kaum je bedacht, dass die Betonung der (weltanschaulichen, politischen) Neutralität der Volksbildung auch einhergehen kann mit einer besonderen Einstellung zur Didaktik der Bildungsarbeit mit Erwachsenen und zu den Teilnehmerinnen und Teilnehmern.

---

23 Johann Dvořák, *Edgar Zilsel und die Einheit der Erkenntnis* (Wien: Löcker, 1981) 33–40
24 Norbert Kutalek und Hans Fellinger, *Zur Wiener Volksbildung* (Wien, München: Jugend &Volk, 1969) 199

Die Teilnehmerinnen und Teilnehmer sind nicht gleichsam eine Ansammlung von Gefäßen, in die die „Wahrheiten" diverser Lehren hineingegossen werden. Gerade weil weder verlangt noch vorausgesehen werden kann, welche besonderen weltanschaulichen, politischen Einstellungen die Teilnehmenden an Bildungsveranstaltungen mitbringen, ist „Neutralität" eine wichtige und höchst sinnvolle didaktische Vorbedingung einer jeden Bildungsarbeit mit Erwachsenen, die nicht auf Indoktrination, sondern auf eigenständige Erarbeitung der je individuellen Kenntnisse, Fertigkeiten und Weltauffassungen abzielt.

Die von ihren Prinzipien her politisch wie weltanschaulich neutrale Wiener Volksbildung war von ihrer Wirkung her keineswegs neutral oder unpolitisch; sie war in der Lage, jene Kenntnisse und Fertigkeiten zu vermitteln, die es den einzelnen Teilnehmerinnen und Teilnehmern ermöglichten, selbständig weiter zu denken und die gesellschaftlichen Verhältnisse besser zu verstehen und zum Besseren zu gestalten.

Die Rolle der Bildungsarbeit kann ja nicht isoliert gesehen werden von der damit verbundenen oder zu verbindenden Umgestaltung der Lebensverhältnisse insgesamt (und der Befähigung der Individuen dazu); Bildung, so verstanden, ist kein höheres Gut und keine Sache, die einer bloß geistigen Sphäre angehörte, sondern Werkzeug im alltäglichen Leben.

Die wissenschaftliche Weltauffassung des Wiener Kreises bedeutete auf dem Gebiete der Volksbildung eine Fortsetzung und wesentliche Weiterentwicklung der aufklärerischen Bemühungen bedeutender Gelehrter der späten Habsburgermonarchie.

So wurde denn in der Programmschrift *Wissenschaftliche Weltauffassung – Der Wiener Kreis* auf diese Tradition hingewiesen und zugleich festgehalten: „Diesem Geist der Aufklärung ist es zu danken, dass Wien in der wissenschaftlich orientierten *Volksbildung* führend gewesen ist. Damals wurde unter Mitwirkung von Victor Adler und Friedrich Jodl der Volksbildungsverein gegründet und weitergeführt; die ‚volkstümlichen Universitätskurse' und das ‚Volksheim' wurden eingerichtet durch Ludo Hartmann, den bekannten Historiker, dessen antimetaphysische Einstellung und materialistische Geschichtsauffassung in all seinem Wirken zum Ausdruck kam."[25]

---

25 Otto Neurath, *Gesammelte philosophische und methodologische Schriften* (Wien: Hölder-Pichler-Tempsky, 1981) 301

III. Otto Glöckel und die Volksbildung als umfassendes System der Erziehung der Kinder, Jugendlichen und Erwachsenen

Mit der Gründung der demokratischen Republik 1918 waren in Österreich eng verbunden Bestrebungen zur umfassenden Reform des gesamten Erziehungswesens und damit auch Bemühungen um eine Intensivierung und Verbesserung der Volksbildung; denn es liegen – wie Otto Glöckel es formulierte – „die Grundfesten der Demokratie in einem stolzen, arbeitsfreudigen, klugen Volke, das von seinen Rechten den richtigen Gebrauch macht und jeden einzelnen befähigt, ein gut Stück der Verantwortung zu tragen".[26]

Die neue, demokratische Republik bedurfte nicht länger der gehorsamen Untertanen, sondern der mündigen, wissenden, selbstbewussten Staatsbürger. Daher sollte die geplante, neue, reformierte Volksbildung (die der Kinder und Jugendlichen wie die der Erwachsenen) der entsprechenden Erziehung der Staatsbürger dienen. Gerade der große sozialdemokratische Schulreformer Otto Glöckel hatte es als Unterstaatssekretär für Unterricht 1919/20 auch unternommen, den Bereich der Volksbildung neu zu regeln.[27]

Am 16. Juli 1919 unterschrieb Glöckel einen Erlass „betreffend Schule und Volksbildungsbestrebungen". Darin hieß es: „Viel mehr als in früheren Zeiten hat sich gerade seit der Neugestaltung unseres Staates ein starker Bildungsandrang aller Bevölkerungsschichten in Deutsch-Österreich geäußert, wie der Erfahrungssatz zeigt, daß jede staatspolitische Umsturzzeit eine erhöhte Aufnahms- und Bildungsfähigkeit der Bevölkerung mit sich bringt. Die Unterrichtsverwaltung hält es demgemäß für ihre Pflicht, sich gerade jetzt, da ihr noch dazu der Weg durch die nationale Einheit unseres neuen Staates geebnet ist, die staatliche Förderung des allgemeinen Volksbildungswesens ganz besonders angelegen sein zu lassen. Eine eigene Abteilung für das Volksbildungswesen im Unterrichtsamte wird künftighin sowohl die staatliche Organisation der bisher bestehenden freien Volksbildungsunternehmungen in die Wege leiten, als auch durch eigene Initiative auf eine möglichst reiche und vielseitige Entwicklung der Volksbildungstätigkeit Einfluß nehmen!"[28]

Für Otto Glöckel bestand ein enger Zusammenhang zwischen Schule und Volksbildung; ihre Einrichtungen sollten ja in gleicher Weise der umfassenden demokratischen Erziehung der Jugendlichen wie der Erwachsenen dienen. In

---

26 Otto Glöckel, *Schulreform und Volksbildung in der Republik* (Wien, 1919) 4
27 Alles folgende auf der Grundlage der Dissertation von: Franz Buchegger, „Otto Glöckel als Regierungsmitglied 1918 – 1920" (Universität Wien, 1981)
28 Volkserziehung (1919) 174

diesem Sinne plädierte er auch für eine enge Zusammenarbeit zwischen Schule und Volksbildung.

„Eine umfassende Förderung des freien Volksbildungswesens liegt aber nicht nur im allgemeinen Interesse des Staates, sondern auch im besonderen Interesse der Schule, da die Hebung der Volksbildung auch wieder das Interesse der Bevölkerung an der Schule und ihrer Arbeit belebt und stärkt; es wäre hiernach wünschenswert, wenn künftig das Schulhaus auch Sammelpunkt der Volksbildungsbestrebungen würde."[29]

Die Lehrer wurden aufgerufen, sich „für diese gewaltige Aufgabe zur Verfügung zu stellen und an allen Volksbildungsinstituten tatkräftig mitzuwirken"[30].

Aber es war Otto Glöckel klar, dass Aufrufe allein nicht genügten, die Lehrer mussten für die Bildungsarbeit mit Erwachsenen eigens ausgebildet werden (bedurfte doch die Lehrer-Ausbildung insgesamt dringend einer Verbesserung); so erklärte er im Unterrichts-Ausschuss der konstituierenden Nationalversammlung:

„Der Aufruf an die Lehrerschaft, mitzuwirken bei der für Erwachsene bestimmten Volksbildungstätigkeit, bedingte aber auch die Fürsorge für die Ausbildung von Volksbildnern, da die grundlegenden Unterschiede zwischen der Schulpädagogik und der Lehrmethode für fertige Individualitäten sowohl als auch die Einführung in die praktische Volksbildungsorganisation und einzelne hierzu nötige Wissensgebiete eine eigene Anleitung notwendig erscheinen ließ. Zu diesem Zwecke wurde von der Volksbildungsabteilung der Plan zu einem Volksbildnerkurs ausgearbeitet und mit dessen Ausführung der Ausschuss für volkstümliche Universitätsvorträge an der Wiener Universität betraut… Aus dem Erfolge dieses ersten Kurses sollen die Lehren für weitere derartige Veranstaltungen gezogen werden. Es ist geplant, den Dozenten des Kurses vor dessen Beginn eine Reihe von Fragen vorzulegen, deren Beantwortung nach Kursbeendigung zum Gegenstand der Diskussion innerhalb einer Dozentenkonferenz unter Leitung der Volksbildungsabteilung werden soll. Sollte sich diese erste Veranstaltung bewähren, dann wäre an die Schaffung eines ständigen Volksbildnerpädagogikums zu denken, das in jährlich etwa zehn derartigen Lehrgängen allmählich einen ganzen Stab von deutschösterreichischen Volksbildnern heranziehen könnte."[31]

---

29 Volkserziehung (1919) 175

30 Ausführungen des Unterstaatssekretärs für Unterricht Otto Glöckel über den Stand der Schulreform in der Sitzung des Ausschusses für Erziehung und Unterricht am 23. Juli 1919 (Wien 1919) 15

31 Ausführungen des Unterstaatssekretärs für Unterricht Otto Glöckel über den Stand der Schulreform in der Sitzung des Ausschusses für Erziehung und Unterricht am 23. Juli 1919 (Wien 1919) 15

Der erste dieser Kurse fand vom 22. September bis 4. Oktober 1919 statt, es
nahmen 50 Lehrer aus allen Bundesländern teil, aber obwohl noch weitere derartige Kurse veranstaltet wurden, kam die Einführung des von Glöckel gewünschten
Volksbildnerpädagogikums nicht zustande.

Am 30. Juli 1919 gab Otto Glöckel einen Erlass, „betreffend die Genehmigung
eines Regulativs für die Organisierung des Volksbildungswesens in Deutschösterreich" an alle Landesschulräte und Landesregierungen heraus.

Nach diesem Regulativ lag die Leitung des gesamten Volksbildungswesens
beim Unterrichtsamt, in dem als nachgeordnete Dienststelle das „Deutschösterreichische Volksbildungsamt" eingerichtet wurde.

Die Aufgaben des Volksbildungsamtes waren:

„a) die Durchführung der Gesamtorganisation des Volksbildungswesens in
    Deutschösterreich;
b) die Verwaltung der vom Staate für Zwecke des Volksbildungswesens jeweils
    zur Verfügung gestellten Mittel, sowie die staatliche Unterstützung der beste-
    henden freien Volksbildungsinstitutionen in jeder Richtung, insbesondere
    durch möglichste Nutzbarmachung von Sammlungen und sonstigen wissen-
    schaftlichen oder industriellen Unternehmungen u. dgl.;
c) Einflußnahme auf die Errichtung neuer Volksbildungseinrichtungen aller
    Art, Veranstaltung von Volksbildnerkursen, Errichtung von Volksbildungs-
    auskunftsstellen (das Volksbildungsamt hat auch selbst als Zentralauskunfts-
    stelle zu dienen), Herausgabe einer Zeitschrift für das Volksbildungswesen in
    Deutschösterreich, sowie Beobachtung aller Volksbildungsbestrebungen im
    In- und Auslande in Absicht auf entsprechende Verwertung derselben für das
    Inland!"[32]

Zur Unterstützung der Tätigkeit des Volksbildungsamtes wurde „am Sitze jedes
Landesschulrates ein auf dem Gebiete des Volksbildungswesens im Lande erfah-
rener Fachmann als Landesreferent für das Volksbildungswesen bestellt"[33] (in
Wien nahm diese Agenden das Volksbildungsamt selber wahr). Die Aufgaben der
Landesreferenten für das Volksbildungswesen wurden folgendermaßen definiert:

---

32 Volkserziehung (1919) 210f.
33 Volkserziehung (1919) 211

„Der Landesreferent führt:

a) im Lande die für den Staat dem Volksbildungsamte zukommenden Agenden über dessen Auftrag oder aus eigener Initiative, jedoch stets im Einvernehmen mit dem Volksbildungsamte. Insbesondere hat er auch

b) die Schaffung von örtlichen Bildungsorganisationen anzuregen und einzuleiten;

c) durch Evidenzführung aller in dem betreffenden Lande bestehenden öffentlichen und privaten Volksbildungseinrichtungen die Arbeit des Volksbildungsamtes zu erleichtern und die bestmögliche Ausnützung aller bereits bestehenden Volksbildungseinrichtungen zu ermöglichen;

d) durch Anlegung von Katastern über Bildungsmittel und Vortragende, die Vermittlung zwischen den einzelnen Volksbildungsinstitutionen des Landes herzustellen."[34]

Wesentlich und charakteristisch für die Bemühungen Otto Glöckels um die Volksbildung war das Streben nach einer demokratischen Organisationsweise, die ihren Ausdruck in der Schaffung von „Bildungsräten" fand.

So heißt es in dem zitierten Erlass:

„In jenen Orten, in denen bereits Volksbildungseinrichtungen bestehen, sowie in den Orten, in welchen ein Bedürfnis nach derartigen Einrichtungen hervortritt, werden Ortsbildungsräte errichtet. In diesen Ortsbildungsräten sind in gleicher Weise Lehrende, beziehungsweise geistig Führende wie Delegierte der Hörerschaft vertreten; …

Die Ortsbildungsräte führen die Volksbildungsbestrebungen in ihrem Wirkungsbereiche praktisch durch. Sie werden die von ihnen veranlaßten Volksbildungsveranstaltungen und Einrichtungen (zum Beispiel Errichtung von Volksheimen, Lesehallen u. dgl.) unter bestmöglicher Ausnützung aller schon vorhandenen Volksbildungsinstitutionen durchzuführen und zu verwalten haben."[35]

Die Ortsbildungsräte sollten Delegierte in Kreis-, diese wiederum Vertreter in Landesbildungsräte entsenden; ein „Volksbildungsrat" für das gesamte Gebiet der Republik (bestehend aus Vertretern der Landesbildungsräte) sollte schließlich dem Volksbildungsamt beratend zur Seite stehen.

---

34 Volkserziehung (1919) 211
35 Volkserziehung (1919) 211f.

Von diesen Vorstellungen einer demokratisch organisierten Volksbildung blieb nach dem Abgang Glöckels aus dem Unterrichtsamt wenig übrig – außer den beamteten bundesstaatlichen Volksbildungsreferenten (die ursprünglich im Einvernehmen mit den Landesbildungsräten zu ernennen gewesen wären), die später, in den 1970er Jahren in „Leiter der Förderungsstellen des Bundes für Erwachsenenbildung" umbenannt wurden.

Die Erwachsenenbildung wurde zu Beginn der Republik Österreich durchaus als ein, zwar eigenständiger, aber integrierter Bestandteil des gesamten Bildungswesens angesehen.

Die Reformvorstellungen Otto Glöckels waren auch orientiert an den Erfahrungen der Wiener Volksbildung. Dabei war hier der Begriff „Volksbildung" keineswegs – wie im Deutschen Reich – mit deutsch-völkischem Gedankengut („Volks-Bildung durch Volksbildung") verbunden: „Volk" wurde als soziale, nicht als nationale Bezeichnung verstanden; an diesen Begriff von „Volk" konnte eine Volksbildung in der demokratischen Republik bruchlos anknüpfen!

IV. Die Zerstörung der Volksbildung in Österreich durch Austrofaschismus und Nationalsozialismus

Die Besonderheit des österreichischen Staatswesens nach 1945 bestand nicht nur darin, sich in undifferenzierter Weise als Opfer des nationalsozialistischen Deutschlands zu deklarieren, sondern auch darin, die eigene klerikal-faschistische Vergangenheit sorgfältig zu verleugnen, ja sie sogar in eine Art Widerstandstradition einzufügen.

Dabei war der Austrofaschismus, der unter Führung des christlich-sozialen Bundeskanzlers Engelbert Dollfuß im März 1933 das Parlament ausgeschaltet und die Macht ergriffen hatte, im Eigenverständnis ein zum deutschen Nationalsozialismus in Konkurrenz befindlicher Faschismus: Er war katholisch, antisemitisch, deutschnational (alles in der Tradition Karl Luegers) und sollte als österreichische „Bewegung" das „bessere Deutschland" verkörpern.

Engelbert Dollfuß und seine Anhänger führten vor allem einen Kampf gegen die Demokratie und gegen die Arbeiterbewegung und waren durchaus bereit, sich zu diesem Zwecke auch mit den Nationalsozialisten zu verbünden. Allerdings haben sie dies nicht sofort öffentlich kundgetan, sondern vielmehr (vor allem gegenüber den ausländischen Demokratien) die politische Abwehr des Nationalsozialismus hervorgehoben und durchaus Unterdrückungsmaßnahmen gegen die österreichischen Nationalsozialisten gesetzt. Das führte im Juli 1934 zum Putschversuch der österreichischen Nationalsozialisten und zur Ermordung des Bundeskanzlers Dollfuß.

Seither wird die Legende vom politischen Märtyrer Dollfuß gepflegt, der „für Österreich" sein Leben ließ (in Wirklichkeit aber nur im Kampf zweier rivalisierender Faschismen).

Charakteristisch übrigens für die durchaus andauernden Verdrängungsprozesse bezüglich des österreichischen Klerikalfaschismus ist, dass am 1. Mai 1934 eine neue ständestaatliche Verfassung in Kraft gesetzt, dies aber nach 1945 einfach nicht zur Kenntnis genommen wurde; es gilt vielmehr die juristische Fiktion einer Kontinuität der österreichischen Bundesverfassung von 1920 (in der Fassung von 1929), unterbrochen nur durch die NS-Herrschaft.

Die gesellschaftliche Funktion des Faschismus ist überall in Europa zunächst und vor allem die Zerstörung der Organisationen, der Interessensvertretungen, der arbeitenden Klassen gewesen.

Damit zugleich wurden aber auch die Zukunftsperspektiven, die Erwartungen und Hoffnungen, die viele Menschen in Europa mit den Organisationen der Arbeiterbewegung (mit ihren Zielsetzungen und ihrer eigenständigen politischen Kultur) verbunden hatten, gründlich zerstört.

Die verschiedenen Faschismen haben also auch massenhaft politisches Bewusstsein ausgelöscht und die Erinnerung daran, dass die arbeitenden Menschen ihr Schicksal in die eigenen Hände nehmen und die Gesellschaft demokratisch gestalten könnten.[36]

Es war der Austrofaschismus gewesen, der die Demokratie und die Arbeiterbewegung in Österreich gründlich zerstört und das Land schließlich kampflos an

---

36 Zur kulturellen Situation in Österreich in der 1. Republik, unterm Austrofaschismus und Nationalsozialismus sowie in den ersten Jahrzehnten der 2. Republik siehe insbesondere:

Klaus Amann, *PEN. Politik. Emigration. Nationalsozialismus* (Wien, Köln, Graz: Böhlau, 1984)

Klaus Amann und Albert Berger, eds., Österreichische Literatur der dreißiger Jahre. Ideologische Verhältnisse. Institutionelle Voraussetzungen. Fallstudien (Wien, Köln, Graz: Böhlau, 1985)

Klaus Amann, *Zahltag. Der Anschluß österreichischer Schriftsteller an das Dritte Reich* (Bodenheim: Philo, 1996)

Gerhard Scheit und Wilhelm Svoboda, *Feindbild Gustav Mahler. Zur antisemitischen Abwehr der Moderne in Österreich* (Wien: Sonderzahl, 2002)

Johann Dvořák, „Intellectual Life and Culture: the Legacy of Two Fascisms", *Austria: A Study in Modern Achievement*, Ed. Jim Sweeny and Josef Weidenholzer, (Aldershot: Avebury, 1988) 226–235

Johann Dvořák, „Thesen zur soziokulturellen Entwicklung in Österreich 1933 bis 1955", *Kontinuität und Bruch 1938-1945-1955*, Ed. Friedrich Stadler, (Wien: LIT Verlag, 2004)

das nationalsozialistische Deutschland ausgeliefert hatte. Die Nationalsozialisten führten das begonnene Werk mit ihrer Politik der Massenmorde weiter.

Nach der militärischen Niederlage des Nationalsozialismus wurde von den rasch rekonstruierten politischen Parteien ein Konsens darüber gefunden, die Vergangenheit ruhen zu lassen und sich vor allem dem Wiederaufbau zu widmen; zugleich wurde ein gemeinsames „Österreich-Bewusstsein" forciert, das auch die Distanz zum deutschen Nationalsozialismus ausdrücken sollte. (Dabei mussten die Traditionen des Deutsch-Nationalismus und Antisemitismus bei den Christlich-Sozialen und im Austrofaschismus sorgfältig verschwiegen werden.)

Auf diese Weise konnte auf dem kulturellen Sektor mühelos an die Zeit vor dem März 1938 angeknüpft werden und konnten oft die gleichen Personen ihre frühere Tätigkeit (leicht variiert) wieder aufnehmen; oder aber, wenn sie auch zum Nationalsozialismus geneigt und von ihm profitiert hatten, zur abermaligen Betonung des Katholischen zurückkehren.

Rudolf Henz etwa, der im „christlichen Ständestaat" kulturpolitisch maßgeblich engagiert gewesen war, gab 1945 seiner Überzeugung Ausdruck: *„Für mich würde nun die Arbeit dort einsetzen, wo sie 1938 geendet hatte."*[37]

Und der Schriftsteller Alexander Lernet-Holenia stellte im November 1945 unverblümt fest:

> *„In der Tat brauchen wir nur dort fortzusetzen, wo uns die Träume eines Irren unterbrochen haben, in der Tat brauchen wir nicht voraus-, sondern nur zurückzublicken."*[38]

All das bedeutete, dass die prinzipiellen kunst- und kulturpolitischen Einstellungen aus der Zeit des Austrofaschismus (aber eben auch schon aus der Zeit davor) bruchlos weiterverwendet wurden; dass der Kampf gegen Aufklärung, „westlichen" Liberalismus und „östlichen" Kommunismus, gegen allzu viel Demokratie, gegen Marxismus und Positivismus, gegen die Kultur der Moderne politisch und kulturell weitergeführt wurde.

Das wirkte sich aus in der Personalpolitik des Unterrichtsministeriums bezüglich der Universitäten und des Schulwesens, ebenso wie in den Postenbesetzungen im staatlichen Rundfunk und (später) Fernsehen und in den Printmedien.

Das Jahr 1945 und auch die Zeit viele Jahre danach bedeuteten im Bereich der Kultur keineswegs einen Bruch mit der Vergangenheit, sondern oft eine Kontinuität der übelsten Traditionen.

---

37 Zitiert nach: Klaus Amann, *PEN. Politik. Emigration. Nationalsozialismus* (Wien, Köln, Graz: Böhlau, 1984) 80
38 Zitiert nach: Klaus Amann, *PEN. Politik. Emigration. Nationalsozialismus* (Wien, Köln, Graz: Böhlau, 1984) 80

Die Vertreterinnen und Vertreter der künstlerischen Moderne in Österreich (ob tot oder lebendig) hatten nur eine Chance auf Erfolg, wenn sie im Ausland, und sei es nur in Deutschland, reüssierten; und der Erfolg im Ausland war nicht unbedingt eine Empfehlung in Österreich; eher im Gegenteil: er bestätigte das wiederkehrend behauptete Artfremde, nicht echt Österreichische der modernen Kunst.

So gut wie alles, was es an Ansätzen der Kultur der Moderne in Wien seit der Zeit um 1900 in Kunst, Wissenschaft, Volksbildung und Politik gegeben hatte, war durch die beiden Faschismen ausgelöscht worden.

Zaghafte Versuche des Wiederanknüpfens an das schon einmal Existierende waren wenig erfolgreich und die staatliche Kultur-, Wissenschafts- und Bildungspolitik war energisch darum bemüht, alle Reste und Spuren von Positivismus und Marxismus, von Aufklärung und an westlicher Gelehrsamkeit orientierter Wissenschaft, moderner Kunst, Schulreformbewegung und wissenschaftlich orientierter Volksbildung in den vorhandenen Institutionen nicht zu fördern und weiter von ihnen fernzuhalten.

Der Toten wurde kaum gedacht und die unter Zwang geflüchteten Künstlerinnen und Künstler, Wissenschaftlerinnen und Wissenschaftler und im Kultur- und Bildungsbereich Tätigen wurden nicht zurückgeholt.

Was die Geschichtsschreibung in Bezug auf die österreichische Volksbildung unter Austrofaschismus und Nationalsozialismus anbelangt, so existierten jahrzehntelang die gleichen Klitterungen, Beschönigungen und Verdrängungen wie in der allgemeinen Geschichtsschreibung über diese Zeit.

Doch wann immer quellenorientiert (d.h. höchst traditionell an Akten, Druckschriften, Gesetzen, Erlässen etc.), und weniger an (selbst-)verklärenden persönlichen Erinnerungen orientiert, gearbeitet wurde, dann wurde klar, dass unterm Austrofaschismus die Volksbildung gründlich zerstört wurde: durch die Beseitigung der Orientierung an der wissenschaftlichen Weltauffassung, durch die Ausschaltung vieler Lehrender, durch die Säuberung des Buchbestandes von wichtigen Werken der Weltliteratur und der bedeutenden deutschsprachigen, zeitgenössischen Literatur.[39] (Der auf dem Gebiet der Säuberungspolitik maßgeblich

---

39 Siehe dazu die Arbeiten von Heimo Gruber, Alfred Pfoser, Friedrich Stadler, Christian Stifter. Am Beispiel des Volksheimes wurden die charakteristischen Vorgänge ein wenig aufgezeigt in: Johann Dvořák, „Die Emigration österreichischer wissenschaftlicher Intelligenz und die Wiener Volksbildung 1918 bis 1938“, Friedrich Stadler (Hrsg.): Vertriebene Vernunft I. Emigration und Exil österreichischer Wissenschaft 1930–1940 (Wien, München: Jugend und Volk, 1987) 343–358

tätige Karl Lugmayr sprach von einem „Standrecht der Bücherauswahl".) Dem Nationalsozialismus blieb da zum Zerstören nicht viel übrig.

Das jedenfalls machte eigentlich die Schwierigkeit jeglicher Geschichtsklitterung auf dem Gebiete der Geschichte der österreichischen Volksbildung aus. Denn im Unterschied zur allgemeinen Geschichtsdarstellung, war es ziemlich unmöglich, die ungeheuerlichen Verbrechen des Nationalsozialismus gegen die vergleichsweise harmlos anmutenden Untaten des Austrofaschismus auszuspielen. Daher unterblieb Geschichtsschreibung meist überhaupt und es wäre noch sehr viel an kritischer Analyse der Vorgänge in der Zeit von 1933 bis zu Beginn der 1950er Jahre zu leisten.[40]

V. Österreichische Erwachsenenbildung nach 1945 – Brüche und Kontinuitäten

Bei allen möglichen kulturellen Kontinuitäten im Gefolge des Austrofaschismus und seiner christlich-sozialen Vorläufer ist es in Bezug auf die Erwachsenenbildung wichtig zu sehen, dass nach 1945 eine Vielzahl neuer Einrichtungen gegründet worden ist.

Mit Ausnahme der Büchereien gibt es so gut wie keine institutionellen Kontinuitäten; und das Zerstörungswerk der beiden Faschismen bewirkte, dass auch die Volkshochschulen, die dem Namen nach ja fortzubestehen schienen, nach 1945 die Arbeit von vor 1933/34 nicht fortzusetzen vermochten.

(Das häufige Bedauern darüber, dass etwa die Wiener Volkshochschulen nicht an die Arbeitsweisen von vor 1933/34 anknüpfen konnten, muss also ergänzt werden durch die Feststellung der Ursachen für dieses Nichtanknüpfenkönnen: es lag weniger am Unvermögen der vorhandenen Akteure, sondern am gründlichen Zerstörungswerk.)

Eine wichtige und interessante zeitgenössische Quelle ist: Fritz Brügel, „Die Zerstörung der österreichischen Volksbildung", *Der Kampf* Juni 1934: 89–93

40 Ein bemerkenswertes Beispiel für eine solche Analyse: in einer Diplomarbeit wird die Geschichte der Grazer Volkshochschule Urania, von ihrer Gründung bis 1945 beschrieben; eine Volkshochschule, die nach 1918 eine deutsch-nationale Agitationsinstitution und ab 1933 ein Hort des illegalen Nationalsozialismus war und nach 1945 neu gegründet werden musste; dann aber beispielgebend und äußerst verdienstvoll bei der Vermittlung moderner Kunst wirkte. Caecilia Poredos, „Die Grazer Urania 1919 – 1938. Zur historischen Entwicklung einer Weiterbildungsinstitution" (Graz: Universität Graz, 2005)

Dazu kam die Gründung von neuen Einrichtungen und deren Zusammenschluss zu Bundesverbänden.

So kann behauptet werden, dass jene Erwachsenenbildung, die wir heute gewohnt sind, erst nach 1945 als ein Ensemble vielfältiger allgemein- und berufsbildender Einrichtungen, die sich über ganz Österreich erstrecken, entstanden ist. Das führt auch zu einer anderen Betrachtung der Erwachsenenbildung der 2. Republik, als einer Vielzahl von Neugründungen mit allen damit verbundenen Schwierigkeiten, aber auch Möglichkeiten.

Nicht „Wiederaufbau" sondern Neubeginn zeichnet die Situation der Erwachsenenbildung nach 1945 aus.

Zugleich ist festzustellen, dass die neugegründeten Einrichtungen im unmittelbaren Bereich oder im Umfeld von gesellschaftlich bedeutenden, bereits vorhandenen (aber nach 1945 auch oft in Neuaufbau oder Reorganisation befindlichen) Institutionen entstanden sind: im Bereich der Arbeiter-, Handels-, Landwirtschaftskammern, der Gewerkschaften und der Industriellenvereinigung, der katholischen und evangelischen Kirche, einzelner Stadtgemeinden …

Und: diese Erwachsenenbildungseinrichtungen erstrecken sich über ganz Österreich (mag es auch regional unterschiedliche Angebotsdichten geben).

Darüber hinaus ist zu beobachten, dass die Zahl der Teilnehmenden an den allgemeinbildenden und berufsorientierten Aus- und Weiterbildungsveranstaltungen im Vergleich zur 1. Republik enorm gesteigert werden konnte.

In der Wirklichkeit wurde nach 1945 eine neue Tradition der Erwachsenenbildung begründet, und zwar eine Tradition, die doch immer wieder mit einer gewissen eigenständigen Identität dieses Sektors zu tun hatte, mit einem (vielleicht nicht sehr stark ausgebildeten, aber doch vorhandenen) Selbstbewusstsein von besonderen Herangehensweisen an die Bildungsarbeit, die sich deutlich von der herkömmlichen Schule unterschieden; mit einer besonderen Beziehung zur Demokratie und zur Vermittlung demokratischer Denk- und Verhaltensweisen; mit der Einübung von kritischem Denken überhaupt (das bis in die späten 1960er Jahre überhaupt nicht zur politischen Kultur Österreichs zählte).

Ein wiederkehrendes Problem für ÖVP wie SPÖ war, dass so manche in der Erwachsenenbildung Tätige ein bisschen eigenständig im Denken und Handeln, etwas kritisch und etwas unangepasst, und gelegentlich etwas unbotmäßig sein mochten: all das war für die politischen Verhältnisse und die politische Kultur des Landes in den späten 1940er, in den 1950er und 1960er und den beginnenden 1970er Jahren ungewöhnlich und verstörend; es konnte vorkommen, dass, jenseits des traditionellen Lagerdenkens, eigenständige Denk- und Handlungsweisen sowie demokratische Verhaltensmuster zumindest ansatzweise entwickelt wurden.

Anhand einiger ausgewählter Reden von Nationalratsabgeordneten der beiden
großen politischen Parteien ÖVP und SPÖ soll nun gezeigt werden, wie Erwachsenenbildung im Parlament thematisch behandelt wurde.

In der Sitzung des Nationalrates am 14. Dezember 1948 meldet sich der Abgeordnete Dr. Neugebauer (SPÖ) zu Wort und erklärt:

„Der Aufwand für das Volksbildungswesen im Voranschlag für das kommen-
de Jahr ist außerordentlich gering. Die Ursache scheint darin zu liegen, daß wir
immer noch kein Volksbildungsgesetz besitzen."[41]

Hier wird ein Thema angeschnitten, das in den folgenden Jahrzehnten immer
wieder vorkommen wird: gäbe es nur eine gesetzliche (auch verfassungsrechtliche) Regelung der österreichischen Erwachsenenbildung, dann gäbe es wohl auch
mehr finanzielle Mittel für diesen Bereich.

Ausgespart bleibt hierbei meist die Frage des politischen Willens; die Frage,
ob die im Bund, in den Ländern und Gemeinden Regierenden überhaupt mehr
Mittel für die Förderung der Erwachsenenbildung aufbringen wollen.

Der Abgeordnete Dr. Neugebauer aber verweist im Jahre 1948 ausführlich auf
Otto Glöckel und seine Maßnahmen (und auf deren Blockierung durch die konservativen Regierungen nach 1920):

„... es hat die Regierung nach dem Jahre 1918, vor allem der damalige Leiter
des Unterrichtswesens, Otto Glöckel, ein Regulativ für die Volksbildung erlassen. Dieses Regulativ sah die Errichtung eines Volksbildungsamtes vor, das wohl
dem Unterrichtsamt nachgeordnet, aber sonst die zentrale Stelle war und eben
mit dieser zentralen Stellung die Bedeutung hervorhob, die die Volksbildung in
Österreich für eine Demokratie nun einmal haben sollte. Demokratie und Volksbildung stehen ja in einem sehr innigen Zusammenhang, denn schon im Jahre
1918 befand sich unser Volksbildungswesen auf einer sehr hohen Stufe. ... Nun
fehlte aber die staatliche Regelung. ... nun wollte Glöckel in seinem Regulativ und
durch sein Volksbildungsamt Ordnung hineinbringen. Er schuf die Länderaus-
schüsse für Volksbildung und einen Ausschuss für ganz Österreich und hielt im
ersten Jahre 16 Volksbildnerkurse ab. Leider war mit dem Abgang Glöckels diese
Epoche beendet. Was nun folgte, wart dasselbe, was man auf anderen Gebieten
machte: man räumte den revolutionären Schutt weg und sah in der Volksbildung,
wie wir sie betreiben und wie sie in aller Welt betrieben wird, nichts anderes als
revolutionären Schutt. An Stelle des Volksbildungsamtes trat die Zentralstelle für
Volksbildung im Ministerium, eine Stelle von keiner überragenden Bedeutung.
Die Ausschüsse verschwanden, in jedem Lande wurde ein bundesstaatlicher

---

41 Stenographisches Protokoll der Sitzung des Nationalrates, 14. Dezember 1948, 2743

Volksbildungsreferent eingerichtet, der die Volksbildung zu betreuen hatte. Er konnte also einzelne Aufgaben, die zu lösen gewesen wären, nicht lösen, und so wandte er sich – heute ist es ja genau so – der konservativen Art der Volksbildung, der Volkstumspflege usw. zu."[42]

Die Situation der Volksbildung nach 1945 wird wie folgt beschrieben:

„Und heute? Heute befinden wir uns in einer ähnlichen Situation wie nach 1918. Die Volksbildungsorganisationen sind wiedererstanden und haben die Schwierigkeiten und Hemmnisse der ersten Zeit überwunden. Da dem Staate keine Möglichkeit der Vereinheitlichung gegeben ist, versuchten die großen Städte, diese Vereinheitlichung vorzunehmen. So hat Wien eine ganze Reihe solcher Dachorganisationen gebildet. ... Linz geht ähnliche Wege. Salzburg hat seine Salzburger Volkshochschule geschaffen – so betitelt die Stadt ihre Einrichtung – und Steiermark leitet das Volksbildungswesen in bäuerlichen Fortbildungsschulen von seiner Zentralstelle in St. Martin bei Graz aus. Es ist aber viel Neues hinzugekommen. Der Gewerkschaftsbund bemüht sich nicht allein um eine bessere berufliche Ausbildung des Nachwuchses, sondern betreut die Volksbildung im regelrechten Sinn des Wortes und er besitzt zu diesem Zwecke auch ein Volksbildungsheim in Oberösterreich. Das gleiche tun die Kammern."[43]

Soweit die Schilderung der Lage nach 1945.

Anschließend betont der Abgeordnete Dr. Neugebauer:

„Mir scheint, daß es auf dem Gebiete des Volksbildungswesens keine so scharfen Gegensätze wie auf dem Gebiete des Schulwesens gibt. Schließlich muß jede Volksbildung neutral sein, wenn sie vom Staat, von den Ländern und anderen öffentlichen Einrichtungen betreut werden soll. Sie muß überparteilich und überkonfessionell sein. Es ist notwendig, daß gewisse demokratische Einrichtungen geschaffen werden, die als Sicherung dafür dienen, daß das Volksbildungswesen nicht etwa in das Fahrwasser einer Bürokratie steuert, die alle jene Pflanzen knicken würde. Daher sind wir der Meinung, wir brauchen einen Landesausschuß, wir brauchen einen Ausschuß für ganz Österreich, der ein gewisses kontrollierendes Recht in allen Fragen der Volksbildung besäße, und ich möchte nach alldem, was bisher ausgeführt wurde, auch eine Forderung aufstellen: sollte es zur Schaffung eines Kulturfonds kommen, dann möge man einen beachtlichen Teil dieses Fonds für das Volksbildungswesen verwenden."[44]

---

42 Stenographisches Protokoll der Sitzung des Nationalrates, 14. Dezember 1948, 2744
43 Stenographisches Protokoll der Sitzung des Nationalrates, 14. Dezember 1948, 2744
44 Stenographisches Protokoll der Sitzung des Nationalrates, 14. Dezember 1948, 2745

Und Dr. Neugebauer schließt seine Ausführungen mit einem Aufruf an die Abgeordneten:

„Hohes Haus! 14 Jahre der ersten Republik sind ungenützt vorübergegangen, das Volksbildungswesen blieb in der Hauptsache eine Privatangelegenheit, eine Angelegenheit des Fleißes, der Begeisterung und der Hingabe für Menschen, die sich gern mit Volksbildung befaßten. Hoffen wir, daß die erste Legislaturperiode des Nationalrates in der zweiten Republik imstande ist, ein Volksbildungsgesetz, dessen große Bedeutung niemand in Abrede stellen wird, ehebaldigst zu schaffen!"[45]

In der Sitzung des Nationalrates am 29. November 1961 erklärte der Abgeordnete Dr. Josef Gruber (ÖVP):

„Die Förderungsmittel für die Volksbildung konnten im Budget wieder erhöht werden. Das anerkennen alle Volksbildner und sind dankbar dafür. Sie haben ja auch einen jahrelangen Kampf ... darum geführt, daß die Volksbildung besser dotiert wird.

Diese Erhöhung ist sicherlich gerechtfertigt. Die Volksbildung hat in den letzten Jahren große Anstrengungen gemacht. Ich verweise auf die Programme, auf die Tätigkeitsberichte, die von den einzelnen Einrichtungen erstellt werden. Leider nimmt die Öffentlichkeit noch zu wenig Notiz davon."[46]

Hier werden die Förderungsmittel für die Erwachsenenbildung in einem Zusammenhang mit den Leistungen der Erwachsenenbildungseinrichtungen und mit deren Forderungen nach einer Erhöhung der Dotierung gesehen.

Bemerkenswert ist die Sprechfigur von der „Öffentlichkeit", die die Leistungen in zu geringem Maß anerkennt; debattiert wird immerhin das (auf Grund einer Regierungsvorlage) vom Nationalrat zu beschließende Budget; zu beklagen wäre also wohl die mangelnde Wahrnehmung der Erwachsenenbildung seitens der maßgeblichen Politiker der Regierungsparteien.

Dass dies eventuell auch so gemeint sein könnte, darauf deuten die nächsten Abschnitte der Rede hin.

„Man hat auch nicht einmal überall und auch nicht bei sehr maßgeblichen Stellen die richtige Vorstellung, was denn eigentlich unter Volksbildung oder Erwachsenenbildung zu verstehen sei. Manche verstehen darunter nur Teilgebiete, vielleicht die Volkstumspflege, vielleicht die Gesangs- oder Trachtenvereine; Bemühungen, die sicher auch ihren Wert haben, die aber eigentlich nicht das Zentrum der Volksbildung darstellen."

---

45 Stenographisches Protokoll der Sitzung des Nationalrates, 14. Dezember 1948, 2745
46 Stenographisches Protokoll der Sitzung des Nationalrates, 29. November 1961, 3393

Es wäre immer wieder interessant gewesen, die Förderungen für „Volkstumspflege, Gesangs- und Trachtenvereine" auf Bundes-, Landes- und Gemeindeebene mit den getätigten Ausgaben für die Erwachsenenbildung zu vergleichen.

Dies hätte aber auch stets eine theoretisch begründete Einschätzung gesellschaftlicher Vorgänge, der Stellung der Erwachsenenbildung im Bildungssystem und eventuell der Fragwürdigkeit der Förderung der „Volkstumspflege" vorausgesetzt; und Debatten darüber wären dann in den beiden großen politischen Parteien zu führen gewesen.

Derartiges hätte aber auch vorausgesetzt, innerhalb der jeweiligen Parteien, politische Kontroversen und Konflikte auszulösen und auszutragen. Genau das jedoch hat der damals vorherrschenden politischen Kultur des großkoalitionären Parteiwesens in Österreich nicht entsprochen.

„Die österreichische Volksbildung ringt mit verschiedenen Problemen ..., so mit der Frage: staatliche oder freie Erwachsenenbildung, mit dem Verhältnis Allgemeinbildung – Berufsbildung, mit dem Verhältnis Schul- und Erwachsenenbildung. Es ist aber kein Zweifel, daß sich die österreichische Volksbildung ihrer Aufgaben voll bewußt ist, daß sie sich selbst versteht als eine Lebenshilfe, daß sie weiß, daß Bildung letztlich zur Selbsttätigkeit führen muß ... ."[47]

„Eine Erhöhung der Förderungszuwendungen ist daher sicher gerechtfertigt, aber leider nicht geboten, denn es besteht keine gesetzliche Verpflichtung hiezu; die Erläuterungen zum Finanzgesetz weisen ausdrücklich auch darauf hin. Es fehlt immer noch das Volksbildungsgesetz. Dieses Volksbildungsgesetz möchten wir doch im Anschluß an ein Schulgesetz – wir haben heute sehr reale Hoffnungen dafür geschöpft – hier im Parlament beschließen können. Im Ausschuß hat der Herr Abgeordnete Mark seine Bedenken geäußert, man wolle keine Beeinflussung der freien Volksbildungsarbeit durch ein Gesetz.

Wir stimmen dieser Auffassung vollinhaltlich zu, daß ein Gesetz keine Beeinflussung, keine Einschränkung der freien Volksbildungsarbeit bringen darf. Die Befürchtung ist aber, glaube ich, nicht an sich zu Recht bestehend. Denn wenn die Sozialistische Partei eine solche Beeinflussung durch das Gesetz ablehnt, lehnen wir sie erst recht ab."[48]

„Was wir uns von einem Volksbildungsgesetz erwarten, ist zunächst einmal die Klärung der Kompetenzen zwischen Bund und Ländern, denn hier ist dieselbe Situation gegeben, wie auf dem Gebiete der Schulgesetzgebung. Der betreffende

---

47 Stenographisches Protokoll der Sitzung des Nationalrates, 29. November 1961, 3393
48 Stenographisches Protokoll der Sitzung des Nationalrates, 29. November 1961, 3393

Artikel der Verfassung hat ja Schule, Erziehung und Volksbildung in einem Atem genannt.

Derzeit ist nur sicher, daß keine Gesetzgebungsbefugnis der Länder besteht. Das hat der Verfassungsgerichtshof ausdrücklich festgehalten.

Was wir aber noch erwarten von einem Volksbildungsgesetz, ist die Garantierung der freien, vom Staat unbeeinflußten Volksbildungsarbeit, eine Ausweitung der Kulturautonomie auf das Volksbildungswesen."[49]

Es ist noch bemerkenswert, dass der Redner seine Ausführungen über die Volksbildung mit einem Ersuchen bezüglich einer steuermäßigen Besserstellung der Erwachsenenbildungseinrichtungen abschließt:

„Ich darf bei dieser Gelegenheit noch die Bitte an den Finanzminister aussprechen, er möge den von der österreichischen Volksbildung mehrfach geäußerten Wünschen entgegenkommen, die dahin gehen, die Volksbildungsarbeit, soweit sie bisher noch der Umsatzsteuer unterlag, von dieser Steuer zu befreien."[50]

In der Sitzung des Nationalrates am 2. Dezember 1964 nahm der Abgeordnete Karl Mark (SPÖ) im Rahmen einer längeren Rede zu den Staatstheatern, zu Staatsoper und Karajan und zur Wissenschaftspolitik schließlich auch zur Volksbildung Stellung, und zwar zu einem Volksbildungsgesetz:

„Das ist wohl eine der schwierigsten Fragen, denn das Großartige an der österreichischen Volksbildung ist und war, daß sie eine freie Volksbildung ist, die frei entstanden ist, nicht reglementiert werden konnte und nicht reglementiert worden ist. Dieser Charakter der österreichischen Volksbildung macht sie auch heute noch mustergültig. ... Das muß, glaube ich, erhalten werden.

Daneben muß aber dafür gesorgt werden, daß die Volksbildung eine ihren immer größer werdenden Aufgaben entsprechende finanzielle Grundlage bekommt. Ich bin Wiener und ich kann sagen, daß in Wien eine verhältnismäßig gute Förderung durch die Stadt- beziehungsweise Landesverwaltung besteht. Aber ich weiß aus den Besprechungen unserer Institutionen, daß dies keineswegs in allen Ländern ebenso der Fall ist. Ich glaube, die Volksbildung ist eine Angelegenheit, die in Wirklichkeit uns alle angeht und die daher auch von uns allen finanziert werden muß. Daher scheint mir die Frage in der nächsten Zeit nicht die zu sein, ein Volksbildungsgesetz zur Reglementierung der Volksbildung zu schaffen.

Ich glaube, darüber sind der Kollege Gruber und ich sogar einig. (Abg. Dr. J. Gruber: Wir sind uns sehr häufig einig!) ...

---

49 Stenographisches Protokoll der Sitzung des Nationalrates, 29. November 1961, 3393
50 Stenographisches Protokoll der Sitzung des Nationalrates, 29. November 1961, 3394

Wir sind für ein Volksbildungsfinanzierungsgesetz, in dem festgelegt wird, welche Aufgaben erfüllt werden müssen. *(Abg. Dr. J. Gruber: Zuerst ein Kompetenzgesetz!)* Das wird miteinander zusammenhängen. Die Kompetenz wird man viel schwerer regeln können. Die Finanzierung ist aber dringend notwendig. Wir sind uns also schon wieder nicht ganz einig, denn wir sind der Auffassung, daß die Finanzierung der Volksbildung die entscheidende Frage ist."[51]

Zum Schluss weist der Abgeordnete Karl Mark noch auf eine ihm äußerst wichtig erscheinende Aufgabe der Erwachsenenbildung hin:

„Man muß festhalten, daß die Volksbildung in der heutigen Zeit eines der wichtigsten Instrumente zur demokratischen Erziehung unserer jungen Mitbürger ist. Das ist eine ihrer wichtigsten Aufgaben. …

Wenn wir wirklich erreichen wollen, daß unsere Jugend in demokratischem, republikanischem und österreichischem Geiste auch nach der Schule – und nach der Schule vielleicht noch mehr, weil sie in dieser Zeit wahrscheinlich aufnahmsfähiger ist als in der Zeit des Schulbesuches, in der sie unter Zwang steht – erzogen wird, dann müssen wir dafür sorgen, daß die Finanzierung der Volksbildung in Österreich gesichert wird."[52]

Wir haben charakteristische Reden von Abgeordneten der beiden Regierungsparteien zum Thema „Volksbildung" kennengelernt; sie sind deswegen beispielhaft, weil es über Jahrzehnte hin nicht allzu häufig vorgekommen ist, dass „Volksbildung" ausführlich und zugleich sachgerecht behandelt wurde.

Wie ist nun überhaupt zu erklären, dass es über Jahrzehnte hinweg keine vehementere Vertretung der Interessen der österreichischen Erwachsenenbildung gegeben hat?

Erklärbar ist dies zunächst mit einer allgemeinen bildungspolitischen Stagnation. Im Rahmen der jahrzehntelangen „großen Koalition" zwischen der Österreichischen Volkspartei (ÖVP), die den Bundeskanzler und den Finanzminister, aber eben auch den Unterrichtsminister (dem auch die Hochschulen unterstanden) stellte, und der Sozialistischen Partei Österreichs (SPÖ) waren grundlegende Reformen gerade im Bildungsbereich kaum anzudenken, geschweige denn durchzuführen. Wo immer etwas weiter geführt hätte, hat es (so wie im Bereich der Erwachsenenbildung) an die strukturpolitischen Ansätze Otto Glöckels und an die von ihm maßgeblich initiierte Schulreformbewegung erinnert.

Und das war mit der ÖVP nicht zu verwirklichen; politischer Kompromiss bedeutete also meist die Fortschreibung des Bestehenden.

---

51 Stenographisches Protokoll der Sitzung des Nationalrates, 2. Dezember 1964, 3434
52 Stenographisches Protokoll der Sitzung des Nationalrates, 2. Dezember 1964, 3434

Auch das „große Schulgesetzwerk", das 1962 verabschiedet worden war, bestand weitgehend in einer Festschreibung des Bestehenden und einer Einigung über die Abklärung verfassungsrechtlicher Kompetenzregelungen.

Im Bereich der Erwachsenenbildung waren die Differenzen zwar dem Anschein nach nicht so stark, was nicht zuletzt (sondern vielleicht vor allem) an der weitgehenden Neugestaltung der österreichischen Erwachsenenbildung nach 1945 lag, aber dafür war auch das politische Interesse an einer gesetzlichen Regelung oder gar an einer deutlichen Ausdehnung der Förderungsmittel des Bundes gering.

Dazu kam, dass die einzelnen Erwachsenenbildungsorganisationen vom Bund (allerdings nicht vom Unterrichtsministerium, sondern etwa vom Sozial-, Landwirtschafts-, Handelsministerium) durchaus gefördert wurden; auf Landes- und Gemeindeebene wurden bestimmte Formen der Erwachsenenbildung ebenfalls außerordentlich hoch dotiert.

Die Volkshochschulen hatten gesicherte Finanzierungen in den Städten; die Volksbildungswerke wurden in wichtigen Bereichen von den Ländern finanziert (auch in Wien); die berufsbildenden Einrichtungen (WIFI, BFI) hatten ebenfalls gesicherte Finanzierungen durch die Kammern und eventuell zusätzliche Dotierungen durch die jeweils zuständigen Ministerien.

Dazu kamen unter Umständen gewisse Steuer- sowie sozialrechtliche Begünstigungen.

Es gab gewiss immer diffuse Wünsche nach mehr Geld, aber mehr Geld (vor allem: mehr Geld vom Bund in Gestalt des Unterrichtsministeriums) war keine absolute Notwendigkeit für den Bestand der Erwachsenenbildung.

Das erklärt die von einzelnen in der Sache engagierten Abgeordneten beider damaliger Großparteien wiederholten Forderungen und Hoffnungen in Bezug auf ein Volksbildungsgesetz und deren Nichterfüllung.

Dazu kam, dass die Fragen der verfassungsrechtlichen Kompetenzregelung stets im Zusammenhang mit der Föderalismusproblematik diskutiert und davon überlagert wurden; es ging um die Zuständigkeit des Bundes und der Länder in Gesetzgebung und Vollziehung und das ließ sich endlos debattieren (und bedurfte auch nicht wirklich einer Lösung).

Erst als der politische Wille entstand, Erwachsenenbildung seitens des Bundes (und hier des Unterrichtsministeriums) deutlich besser zu finanzieren und zu fördern, wurde dies in Form eines Förderungsgesetzes (ohne die Notwendigkeit einer verfassungsrechtlichen Regelung) umgesetzt, und zwar unter der SPÖ-Alleinregierung nach 1970.

VI. Bildungspolitische Aufbrüche ab 1970

VI.1 Die Entstehung der Konferenz der Erwachsenenbildung Österreichs

Es ist durchaus interessant, den Vorgang der Ausformung der Konferenz der Erwachsenenbildung Österreichs (KEBÖ) aus der Innenansicht des Bundesministeriums für Unterricht zu betrachten, soweit dies aus den übriggebliebenen Akten möglich ist.[53]

Die SPÖ war in den Nationalratswahlkampf 1970 mit einer Summe von Programmen für umfassende Reformen der österreichischen Gesellschaft gegangen und dazu hatte auch ein Programm für die Erwachsenenbildung gehört.

Im Jahre 1971 bestellte der damalige Bundesminister für Unterricht und Kunst, Leopold Gratz, Sektionsrat Dr. Hans Altenhuber zum neuen Leiter der Abteilung Erwachsenenbildung; am 17. Mai 1971 hatte der neue Abteilungsleiter seine Tätigkeit aufgenommen.

In der Zeitschrift „Erwachsenenbildung in Österreich" wurde über seinen bisherigen Werdegang folgendes berichtet:

„Sektionsrat Dr. Hans Altenhuber, geb. 1924 in Purkersdorf bei Wien, hat nach Ablegung der Matura am Gymnasium Wien 13 an der Universität Wien Geschichte, Philosophie, Pädagogik und Germanistik studiert, die Lehramtsprüfung für Mittelschulen abgelegt und das philosophische Doktorat erworben (Hauptfach Pädagogik).

1950 bis 1961 wirkte er als Berufsberater für Maturanten und Studenten beim Landesarbeitsamt Wien.

Von 1962 an war Sektionsrat Dr. Altenhuber im Bundesministerium für soziale Verwaltung tätig, zuletzt als Abteilungsleiter. Fragen der Entwicklung, Programmierung, Koordinierung und Förderung der beruflichen Erwachsenenbildung gehörten zu seinem Arbeitsbereich.

In der Wiener Volksbildung ist Sektionsrat Altenhuber seit vielen Jahren als Diskussionsleiter und Vortragender, namentlich für Philosophie und Zeitgeschichte, tätig. Mehrere Jahre wirkte er auch als pädagogischer Referent und als Programmkonsulent für die Wiener Volksbildung sowie im pädagogischen Ausschuß des Verbandes Österreichischer Volkshochschulen. Im Auftrag der

---

53 Eine kurze und treffende Darstellung findet sich bei Hans Altenhuber: „Vorgeschichte, Gründung und Anfänge der KEBÖ". In: Angela Bergauer, Wilhelm Filla, und Herwig Schmidbauer, eds., *Kooperation & Konkurrenz. 30 Jahre Konferenz der Erwachsenenbildung Österreichs* (Wien: Ring Österreichischer Bildungswerke, 2002) 13–21

vier Verbände der Erwachsenenbildung (Volkshochschulen, Bildungsheime, Bildungswerke, Volksbüchereien) ist er für die Leitung der Aktion ,Fernsehpreis der österreichischen Volksbildung' und für die Redaktion der Zeitschrift ,Fernsehen und Erwachsenenbildung' verantwortlich. Als Vortragender bei Tagungen und Seminaren sowie durch seine Veröffentlichungen ist er in weiten Kreisen der Erwachsenenbildung bekannt geworden. 1966 wurde Dr. Altenhuber mit dem Förderungspreis für Volksbildung des Bundesministeriums für Unterricht und 1970 mit dem Goldenen Ehrenzeichen für Verdienste um die Republik Österreich ausgezeichnet."[54]

Auffällig ist mehreres: zunächst ist hier kein Jurist und kein Mann der Schule bestellt worden. (Die Beamten des Unterrichtsministeriums waren üblicherweise Juristen oder Lehrer; Frauen gab es auf den Akademikerposten damals kaum noch.)

Wiewohl aus dem Bereich der Volkshochschulen kommend, verknüpfte Altenhuber Erfahrungen in der allgemeinbildenden mit denen in der berufsorientierten Erwachsenenbildung – und das war damals ungewöhnlich und selten.

Zwar hatte er das Lehramt gemacht, aber er verfügte über eine breit angelegte wissenschaftliche Ausbildung; und er brachte eine ausgeprägte Erfahrung in Verwaltungstätigkeit mit sich.

All das hatte zur Folge:

\# Die besondere Fähigkeit zur Neugestaltung der Zusammenarbeit zwischen der Abteilung Erwachsenenbildung und den Organisationen der österreichischen Erwachsenenbildung.

\# Die besondere Fähigkeit der verwaltungsinternen Zusammenarbeit mit den Juristen des Unterrichtsministeriums, insbesondere zwecks Vorbereitung und Ausarbeitung des Erwachsenenbildungsförderungsgesetzes (das am 21. März 1973 vom Nationalrat beschlossen wurde).

\# Die besondere Fähigkeit, auf Grund der von ihm ausgeformten Zielvorstellungen in entscheidender Weise gestaltend zu wirken und dabei kooperativ und kompromissbereit zu sein, ohne die wichtigen Ziele in der Sache preiszugeben.

Dies waren außergewöhnliche Voraussetzungen für die neue Tätigkeit.

Und noch etwas war außergewöhnlich: zum ersten Mal hatte die Leitung der Abteilung Erwachsenenbildung ein Beamter inne, der der SPÖ zugezählt wurde.[55]

---

54 „Neuer Abteilungsleiter für Erwachsenenbildung im BMfUK". In: Erwachsenenbildung in Österreich (1971) 271

55 Zur Illustration der politischen Verhältnisse: 1970, bei Regierungsantritt der SPÖ gab es im Unterrichtsministerium genau drei A-Beamte, die der SPÖ zugerechnet wurden.

Soziologisch betrachtet, war mit Hans Altenhuber erstmals jemand mit breiter wissenschaftlicher Ausbildung, umfangreicher Erfahrung in Verwaltungstätigkeit und umfangreicher Erfahrung in Praxis und Theorie der Erwachsenenbildung in eine maßgebliche und führende Funktion in Bezug auf die Erwachsenenbildung im Unterrichtsministerium gekommen.

Ein Ministerium, das wesentlich Hoheitsverwaltung ausübte und es im Förderungsbereich (z.b. Kunst und Erwachsenenbildung) mit der Vergabe von Mitteln auf Anträge hin zu tun hatte, begann in einem kleinen Teilbereich seiner Zuständigkeiten völlig neuartig zu agieren.

Es wurde die Entwicklung gemeinsamer Ziele und gemeinsamer Vorhaben des Staates und der Erwachsenenbildung angestrebt und in einer Abfolge von Aussprachen und Tagungen zwischen den Vertretern der Verbände der Erwachsenenbildung untereinander und der Ministerialbürokratie (in der Person von Hans Altenhuber) ausgehandelt.

Begleitet wurde dies von jährlichen Anhebungen der an die Erwachsenenbildungsorganisationen ausbezahlten bundesstaatlichen Förderungsmittel, und das war eine sehr wichtige vertrauensbildende Maßnahme.

Es ist üblich gewesen, vom Misstrauen der Verbände (vor allem der allgemeinbildenden Erwachsenenbildung) gegenüber möglichen bildungspolitischen Lenkungsmaßnahmen auf bundesstaatlicher Ebene zu reden und zu schreiben. Ein beträchtlicher Teil dieser Ängste kam zunächst vor allem aus jenem politischen Lager, dessen Vorgänger in der Ersten Republik maßgeblich für die Zerstörung der damaligen Volksbildung verantwortlich gewesen waren.

Aber wir dürfen über dieses in einem demokratischen Staatswesen etwas eigenartige Misstrauen nicht vergessen, dass es damals auch ein ausgeprägtes Misstrauen und eine ausgeprägte Missgunst der einzelnen Verbände untereinander gab: der allgemeinbildenden Einrichtungen gegenüber den berufsbildenden Einrichtungen und der allgemeinbildenden Einrichtungen untereinander.

Bei den berufsbildenden Einrichtungen gab es die langjährigen Erfahrungen mit der Sozial- und Wirtschaftspartnerschaft. Diese Sozial- und Wirtschaftspartnerschaft war wesentlich dadurch charakterisiert, dass keineswegs nur die diversen Interessensvertretungen präsent waren, sondern stets auch der Staat beteiligt war.

Die Gremien der Sozial- und Wirtschaftspartnerschaft setzten sich ursprünglich zusammen aus Vertretern der Kammern (Kammer der gewerblichen Wirtschaft, Landwirtschaftskammer, Kammer für Arbeiter und Angestellte), der freien Interessensverbände (Österreichischer Gewerkschaftsbund, Industriellenvereinigung) und Beamten der je zuständigen Fachministerien.

Hans Altenhuber kannte die sozialpartnerschaftlichen Verfahren aus dem
Sozialministerium und die berufsbildenden Verbände der Erwachsenenbildung
waren damit auch vertraut, aber den allgemeinbildenden Einrichtungen war all
das völlig fremd.

Nun hatte Altenhuber bereits einige Zeit vor seinem Dienstantritt im Unterrichtsministerium für eine Zusammenarbeit zwischen allgemeiner und beruflicher Bildung plädiert und zwar „im Interesse eines den Bildungsbedürfnissen der
Bevölkerung entsprechenden Bildungsangebotes"[56].

Dabei sprach er sich auch „für ein klares, übersichtliches Bildungsangebot im
ganzen Bereich der Erwachsenenbildung" aus, ebenso wie für „eine Vereinheitlichung der in der Erwachsenenbildung verwendeten Terminologie", für eine gemeinsame „Durchführung von Werbeaktionen für die Weiterbildung in Presse,
Fernsehen, Plakaten", für die „Einrichtung beziehungsweise Ausbau von Bera-
tungsstellen für Fragen der Weiterbildung von Erwachsenen"[57].

In einem Kurzreferat mit dem Titel „Anmerkungen zur Frage der Kooperation
zwischen allgemeiner und beruflicher Erwachsenenbildung" vor den Institutionen der Salzburger Erwachsenenbildung am 8. November 1970 betonte Hans
Altenhuber zunächst folgendes:

„Die verschiedenen Formen der allgemeinen und beruflichen Erwachsenenbildung werden in Zukunft in unserem gesamten System der Ausbildung, Bildung,
Arbeit und Freizeit eine noch größere Rolle spielen, als dies heute bereits der Fall
ist. Sie werden Elemente der beruflichen Spezialisierung (Weiterbildung, Hö-
herqualifizierung) und der beruflichen Bildung (Umschulung) ebenso umfassen
müssen wie solche des Grundlagenwissens, der allgemeinen Orientierung und
Anpassungsfähigkeit, der gesellschaftlich-politischen Bildung und der Entfaltung
der Persönlichkeit."[58]

Es ist bemerkenswert, dass bereits Jahre, bevor Altenhuber Leiter der Abteilung
Erwachsenenbildung wurde, ein ziemlich umfassendes Entwicklungsprogramm
der österreichischen Erwachsenenbildung konzipiert und präsentiert worden
war. Er hat dann in der Folge zäh und geduldig an der Verwirklichung dieses

---

56 Hans Altenhuber, „Situation der berufsbildenden und allgemeinbildenden Erwachse-
    nenbildung", Tagung des BFI, 30. 6. – 4. 7. 1969 (Seehof (Hungerburg), 1969)
57 Hans Altenhuber, „Situation der berufsbildenden und allgemeinbildenden Erwachse-
    nenbildung", Tagung des BFI, 30. 6. – 4. 7. 1969 (Seehof (Hungerburg), 1969)
58 Hans Altenhuber, „Anmerkungen zur Frage der Kooperation zwischen allgemeiner
    und beruflicher Erwachsenenbildung", Salzburger Erwachsenenbildung, 8. 11. 1970
    (1970)

Programms gearbeitet und die Weiterentwicklung bei seinen Nachfolgern in der Abteilungsleitung engagiert unterstützt.

Aber was Hans Altenhuber, als neuer Leiter der Abteilung Erwachsenenbildung im Jahre 1971 zunächst zu leisten hatte, war nichts geringeres als der Aufbau eines neuen Systems der Zusammenarbeit zwischen Staat und Erwachsenenbildung, und der Zusammenarbeit der Erwachsenenbildungsorganisationen untereinander (ohne dass dies als eine Nachahmung des Systems der Sozialpartnerschaft erschien).

In den Regierungsprogrammen der SPÖ-Alleinregierung wurde auf das Vorhaben einer Verbesserung der Situation der Erwachsenenbildung hingewiesen; so am 5. November 1971: „Der permanenten Weiterbildung und insbesondere der Erwachsenenbildung als Hilfe zur persönlichen Lebensgestaltung und beruflichen Mobilität kommt daher große Bedeutung zu."

Das war die Regierungserklärung nach dem Gewinn der absoluten Mehrheit; aber schon während der Zeit der Minderheitsregierung Kreisky wurden im Unterrichtsministerium (unter dem Minister Gratz und dem neuen Leiter der Abteilung Erwachsenenbildung, Altenhuber) Anstrengungen unternommen, um die Förderungsmittel zu erhöhen, ein Förderungsgesetz auf den Weg zu bringen und einen Zusammenschluss der Verbände der österreichischen Erwachsenenbildung zu einem gemeinsamen Vertretungsgremium zu erreichen.

Vom 18. bis 20. Oktober 1971 fand im Bundesheim für Erwachsenenbildung ein Seminar, „Neue Wege der Zusammenarbeit", statt. Eingeladen wurden dazu vom Bundesminister für Unterricht und Kunst, Leopold Gratz, die Spitzenvertreter der Verbände und Einrichtungen der allgemeinen wie der beruflichen Erwachsenenbildung Österreichs:

Arbeitsgemeinschaft der Volksbildungsheime

Berufsförderungsinstitut

Bildungsreferat des Österreichischen Gewerkschaftsbundes

ORF

Präsidentenkonferenz der Landwirtschaftskammern

Ring Österreichischer Bildungswerke

Verband Österreichischer Volkshochschulen

Vereinigung österreichischer Industrieller

Wirtschaftsförderungsinstitut der Bundeskammer der gewerblichen Wirtschaft.

Beachtenswert ist die sorgfältige ministeriumsinterne Abstimmung und Zusammenarbeit zwischen Minister und Abteilungsleiter; der Aktenverkehr wird unmittelbar zwischen Abteilung und Minister, bzw. Ministerbüro abgewickelt, ohne je den zuständigen Sektionsleiter auch nur im Rücklauf des Aktes zu informieren (geschweige denn im Dienstwege zu befassen).

Für das Seminar im Oktober 1971 gab es eine Einladung durch den Minister an die Spitzen der einzelnen Einrichtungen und Verbände mit dem Ersuchen, allfällige Vertreter und weitere Delegierte zu nominieren.

Die Tagung war gründlich vorbereitet; das Programm sah vor:

Am Nachmittag des ersten Tages einleitende Kurzreferate von Dr. Hans Fellinger („Die Ergebnisse der bisherigen Hungerburg-Konferenzen zur Zusammenarbeit der Verbände") und Min.Rat Dr. Hans Altenhuber („Neue Entwicklungen der Zusammenarbeit der Verbände") mit anschließender Diskussion.

Am Vormittag des zweiten Tages eine Plenumsdiskussion: „Aufgaben und Ziele für eine künftige Zusammenarbeit"; am Nachmittag Gruppenarbeit in zwei Arbeitsgruppen zu den Themen „Formulierung der Ergebnisse des Vormittagsgespräches über Aufgaben und Ziele der Zusammenarbeit" und „Mögliche Formen und Teilnehmer einer zukünftigen Zusammenarbeit".

Am dritten Tag war für den Vormittag geplant:

Berichte der Arbeitsgruppen im Plenum und Diskussion der Berichte.

Allfällige Beschlussfassung über weitere Schritte im Sinne der Konstituierung einer Bundesarbeitsgemeinschaft der Verbände.

Sollten die Diskussionen länger dauern, war für alle Fälle ein voraussichtliches Ende erst für 16 Uhr vorgesehen.

Knapp zwei Wochen vor der Tagung erging ein persönliches Schreiben des Abteilungsleiters[59] an alle Teilnehmer und Teilnehmerinnen mit einer Einladung samt Tagungsprogramm und vorbereitenden Unterlagen.[60]

Das Seminar wurde, wie geplant, durchgeführt und hat eine Reihe von Ergebnissen gebracht, die in der Zeitschrift „Erwachsenenbildung in Österreich" publiziert wurden.[61]

Es wurden u.a. vereinbart: gemeinsame Aktionen auf den Gebieten der Mitarbeiterausbildung und der Bildungswerbung durchzuführen; die Abteilung Erwachsenenbildung wurde ersucht, die bisher vertretenen Verbände zu einem weiteren Gespräch über „Neue Wege der Zusammenarbeit", vom 24. – 26. Mai 1972 ins Bundesheim für Erwachsenenbildung St. Wolfgang einzuladen. Das

---

59 Auch das darf als Ausdruck besonderer Höflichkeit gesehen werden; üblicherweise unterschreibt der zuständige Beamte nur den Akt [für den Bundesminister], die Ausfertigungen ergehen mit maschinengeschriebener Unterschrift

60 Bundesministerium für Unterricht und Kunst, Geschäftszahl 506.244 – V/4 / 71

61 Hans Altenhuber, „Neue Wege der Zusammenarbeit III", *Erwachsenenbildung in Österreich* 12 (1971): 561–567

Programm zu dieser Tagung sollte in einem Vorgespräch mit den Verbändevertretern festgelegt werden.

Allerdings hieß es zum Schluss des Tagungsberichtes: „In der Frage der Institutionalisierung der Zusammenarbeit bedarf es aber offenbar noch einer gewissen Abklärung."[62]

Mit einem Schreiben vom 25. Februar 1972 wurde den Verbänden und Einrichtungen der österreichischen Erwachsenenbildung seitens der Abteilung Erwachsenenbildung des BMUK der Entwurf für ein Erwachsenenbildungs-Förderungsgesetz und des Programmvorschlages für das Seminar „Neue Wege der Zusammenarbeit IV" übermittelt.[63]

Das Seminarprogramm wurde noch um den Tagesordnungspunkt „Entwurf des Erwachsenenbildungs-Förderungsgesetzes" erweitert und die Einladungen zur Tagung, 24. bis 26. Mai 1972 im Bundesheim für Erwachsenenbildung, ergingen dann am 24. April 1972.[64]

Das Programm der Tagung umfasste folgende Punkte:

Ausbildung von Mitarbeitern in der Erwachsenenbildung (Mittwoch, 24. Mai 1972, vormittags)

Bildungswerbung (Mittwoch, nachmittags)

Terminologie der Erwachsenenbildung (Mittwoch, nachmittags)

Entwurf des Erwachsenenbildungs-Förderungsgesetzes. Ausführliche Diskussion nach einleitenden Worten von Min.Rat Dr. Hans Altenhuber und Min.Sekr. Dr. Felix Jonak (Donnerstag, 25. Mai, vormittags und nachmittags)

Fragen der weiteren Zusammenarbeit (Freitag, 26. Mai, vormittags und nachmittags)

Außerdem Kurzbericht von Akademieleiter Ulrich Trinks (Leiter der Evangelischen Akademie in Wien) zur Zusammenarbeit mit dem ORF.

Bei dieser Tagung nun wurde mit einem einhelligen Beschluss die „Konferenz der Erwachsenenbildung Österreichs" gegründet. Sie sollte „als ständige Einrichtung der Erwachsenenbildung gegenüber dem Staat, den anderen Sektoren des Bildungswesens, dem ORF und der Öffentlichkeit vertreten, gemeinsame Konzepte und eine gemeinsame Politik für die Erwachsenenbildung erarbeiten, das

---

62 Hans Altenhuber, „Neue Wege der Zusammenarbeit III", *Erwachsenenbildung in Österreich* 12 (1971): 567

63 Bundesministerium für Unterricht und Kunst, Geschäftszahl 500.614 – V/4 / 72

64 Bundesministerium für Unterricht und Kunst, Geschäftszahl 501.377 – V/4 / 72

Bundesministerium für Unterricht und Kunst beraten sowie gemeinsame Aktionen (Projekte) planen und durchführen."[65]

„Diese Aufgaben müssen ohne die Schaffung neuer bürokratischer Organisationsstrukturen wahrgenommen werden, wobei an folgende Arbeitsformen gedacht ist:

Das Plenum der Konferenz (Vollversammlung) soll ein- bis zweimal jährlich tagen, wofür die Abteilung Erwachsenenbildung im Bundesministerium für Unterricht und Kunst Einladung, Organisation und anfallende Kosten übernimmt.

... Darüber hinaus konstituiert sich für die Wahrnehmung der laufenden Agenden der Konferenz ein Ausschuß, bestehend aus je einem Vertreter

des Verbandes österreichischer Volkshochschulen,

des Ringes österreichischer Bildungswerke,

der Arbeitsgemeinschaft der Volksbildungsheime Österreichs,

des Verbandes österreichischer Volksbüchereien,

der Wirtschaftsförderungsinstitute der Kammern der gewerblichen Wirtschaft,

des Berufsförderungsinstituts und

des Ländlichen Fortbildungsinstituts.

Der Ausschuß tritt nach Bedarf zusammen, der Vorsitz in diesem Ausschuß wechselt halbjährlich."[66]

Nach einer Vielzahl von vertrauensbildenden Maßnahmen seitens des Unterrichtsministeriums wurde es so innerhalb weniger Monate möglich, die KEBÖ als Arbeitsgemeinschaft zu bilden.

Das, auch nach außen hin, sichtbare enge Zusammenwirken der Unterrichtsminister mit dem neuen Leiter der Abteilung Erwachsenenbildung bewirkte das Bild eines entschlossenen und einheitlichen politischen Handelns des Ministeriums im Interesse der Erwachsenenbildung.

Die Verbände der österreichischen Erwachsenenbildung hatten gesehen, wie das Förderungsbudget unter der SPÖ-Regierung drastisch angehoben worden war; wie das Vorhaben eines Förderungsgesetzes vorangetrieben wurde; und wie sie in Gespräche auch über das Gesetzesvorhaben eingebunden wurden.

Mit dem Entstehen des Förderungsgesetzes war deutlich geworden, dass ein gemeinsames Vertretungsgremium der österreichischen Erwachsenenbildungsorganisationen tatsächlich im Interesse aller war.

---

65 Hans Altenhuber, „Neue Wege der Zusammenarbeit in der österreichischen Erwachsenenbildung IV. Tagungsbericht", *Erwachsenenbildung in Österreich* 9 (1972): 394

66 Hans Altenhuber, „Neue Wege der Zusammenarbeit in der österreichischen Erwachsenenbildung IV. Tagungsbericht", *Erwachsenenbildung in Österreich* 9 (1972): 394f

VI.2 Das Bundesgesetz über die Förderung der Erwachsenenbildung und des Volksbüchereiwesens aus Bundesmitteln

In der Sitzung des Nationalrates am 14. Februar 1973 wurde die am 2. Jänner 1973 eingebrachte Regierungsvorlage über ein Bundes-Erwachsenenbildungsförderungsgesetz in erster Lesung behandelt und dem Unterrichtsausschuss zur weiteren Behandlung zugewiesen.

Der Abgeordnete Dr. Josef Gruber (ÖVP) beantragte und begründete diese Zuweisung:

„Es hat viele Bemühungen gegeben, zu einem Erwachsenenbildungsgesetz, oder, wie man früher gesagt hätte, zu einem Volksbildungsgesetz zu kommen. Diese Versuche, ob vom Ministerium, von einer Fraktion oder von der Länderseite, sind alle gescheitert, weil die Materie einfach zu komplex ist und weil insbesondere die Kompetenzlage eine paktierte Gesetzgebung zwischen Bund und Ländern vorschreiben würde.

Man hat diesen Weg nicht beschritten. Man hat auch den Weg nicht beschritten, zunächst ein Volksbildungskompetenzgesetz zu erlassen, wie wir das für das Schulwesen im Jahre 1962 getan haben. Es ist also nach wie vor die rechtliche Lage so, daß für die Gesetzgebung eine paktierte Gesetzgebung notwendig wäre, daß aber die Vollziehung nach herrschender Auffassung beim Bund liegt.

Man hat daher einen anderen Weg beschritten und will nun auf Grund des Artikels 17 der Bundesverfassung die Materie insoweit in den Griff bekommen, daß wenigstens die Förderung durch den Bund auf eine rechtliche Basis gestellt wird."[67]

In der Sitzung des Nationalrates am 21. März 1973 wurde dann das „Bundesgesetz über die Förderung der Erwachsenenbildung und des Volksbüchereiwesens aus Bundesmitteln" einstimmig beschlossen.

In der Debatte darüber wurden einige bemerkenswerte Aspekte der Erwachsenenbildung herausgearbeitet.

Die Berichterstatterin des Unterrichtsausschusses, Lona Murowatz (SPÖ), hob eingangs hervor:

„Im Hinblick auf die gestiegenen Bildungsbedürfnisse der heutigen Zeit ist die Erwachsenenbildung ein ebenso wichtiger Bestandteil des Bildungswesens wie Schule und Hochschule. Für den Staat ergibt sich daraus die Notwendigkeit, durch entsprechende Förderung für einen Ausbau und eine Weiterentwicklung der Erwachsenenbildung Vorsorge zu treffen, vor allem um die im Berufsleben stehende Generation an den vielfältigen Verbesserungen des Schulwesens teilhaben zu lassen. Die gegenständliche Regierungsvorlage versucht dieses Ziel zu

---

67 Stenographisches Protokoll der Sitzung des Nationalrates, 14. Februar 1973, 6047

erreichen, ohne die komplexe verfassungsrechtliche Kompetenzlage auf dem Gebiet des Volksbildungswesens anzutasten."[68]

Die verfassungsrechtliche Grundlage für das Erwachsenenbildungsförderungsgesetz bot der Artikel 17 des Bundes-Verfassungsgesetzes:

„Durch die Bestimmungen der Artikel 10 bis 15 über die Zuständigkeit in Gesetzgebung und Vollziehung wird die Stellung des Bundes und des Landes als Träger von Privatrechten in keiner Weise berührt."

In der österreichischen Bundesverfassung war so Vorsorge dafür getroffen worden, dass der Bund wie auch die Bundesländer im Rahmen ihrer nicht hoheitsrechtlichen Wirkungsbereiche vielfältige Maßnahmen setzen können, wie eben zum Beispiel die finanzielle Förderung von Sport, Erwachsenenbildung etc.

Der Abgeordnete Dr. Josef Gruber (ÖVP) verwies eingangs ebenfalls auf die komplexe verfassungsrechtliche Kompetenzlage und meinte dann:

„Es ist daher nicht verwunderlich, daß frühere Bemühungen zu keinem Erfolg führten. Ich darf darauf hinweisen, daß vom Bundesministerium für Unterricht noch in der Zeit, da Dr. Hurdes diesem Ministerium vorstand, ein erster Entwurf ausgearbeitet wurde, daß später von den SPÖ-Abgeordneten Dr. Zechner und Genossen ein Initiativantrag eingebracht wurde, daß in der weiteren Folge auch die Kärntner Landesregierung einen Entwurf eines Kärntner Volksbildungsgesetzes probierte und daß schließlich auch Bundesminister Dr. Drimmel den Versuch unternahm, zunächst eine Kompetenzregelung für das Volksbildungswesen zustandezubringen, und auf Grund einer Kompetenzregelung auch ein Volksbildungsgesetz in Aussicht genommen war.

Es ist einzusehen, daß bei einer solchen komplexen verfassungsrechtlichen Kompetenzlage die Bemühungen dann irgendwo versickerten, da man einsah, daß so vorläufig ein Ziel nicht erreicht werden könne."[69]

Dem Abgeordneten Dr. Josef Gruber, der in Sachen Erwachsenenbildung stets außerordentlich kompetent und engagiert war, fiel die undankbare Aufgabe zu, einerseits die Zustimmung zum neuen Förderungsgesetz darzulegen und gleichzeitig irgendwie zu begründen, warum die ÖVP als Regierungspartei (die ein Vierteljahrhundert lang den Bundeskanzler, den Finanzminister und den Unterrichtsminister gestellt hatte) nicht in der Lage gewesen war, die österreichische Erwachsenenbildung stärker zu fördern; und darüber hinaus noch Wünsche der ÖVP nach diversen machtpolitischen Einflüssen zu deponieren.

---

68 Stenographisches Protokoll der Sitzung des Nationalrates, 21. März 1973, 6340
69 Stenographisches Protokoll der Sitzung des Nationalrates, 21. März 1973, 6340

Er betont, dass „die Österreichische Volkspartei ein Interesse an der gesetzlichen Regelung der Erwachsenenbildung, insbesondere auch an ihrer Förderung hatte und hat" und fährt dann fort:

„Ich möchte allerdings feststellen, daß der Artikel 17 des Bundesverfassungsgesetzes unserer Meinung nach doch nur eine Notbrücke bietet, um zu der erwünschten gesetzlichen Fundierung der Förderung zu gelangen.

Wir haben diese Notbrücke beschritten, weil sich derzeit eine andere Möglichkeit nicht anbot und vielleicht auch in absehbarer Zeit noch nicht vorhanden sein wird. Daß eine paktierte Gesetzgebung in dieser Frage wohl ausscheidet, ergibt sich aus Gründen der Praktikabilität.

Eine andere Möglichkeit wäre ... zunächst eine Kompetenzregelung zu versuchen, ähnlich dem Schulsektor; eine solche Regelung wird wohl nicht ohne die Zustimmung der Länder zu erreichen sein. Allerdings sollte die tragfähigere, und wie ich glaube, auch elegantere Lösung das Ziel unserer Bemühungen bleiben, und wir sind auch der Meinung, daß man zunächst einmal die Kompetenzabgrenzung zwischen Bund und Ländern, was die Gesetzgebung und die Vollziehung anlangt, doch weiterhin versuchen sollte. ...

Ich möchte daher sehr deutlich auch an die Adresse aller jener, die an der Erwachsenenbildung interessiert sind, sagen, daß Erwachsenenbildung natürlich erst dann gesetzlich zu aller Zufriedenheit geregelt werden kann, wenn es auch eine Gesetzgebungskompetenz entweder des Bundes oder der Länder gibt, wo der ganze Komplex in einem dann einer Regelung zugeführt werden kann."[70]

Wir haben gesehen, wie Vertreter der SPÖ und der ÖVP über viele Jahre hinweg die Erfüllung einiger Hoffnungen auf eine bessere Finanzierung der Erwachsenenbildung von einem Volksbildungsgesetz erwartet haben; gerade der Abgeordnete Dr. Gruber setzte stets auf eine verfassungsrechtliche Festlegung der Zuständigkeit des Bundes oder der Länder.[71]

Allerdings hatte nunmehr die SPÖ-Alleinregierung vorgeführt, dass, bei entsprechendem politischen Wollen, sowohl die Förderungsmittel des Bundes bezüglich der Erwachsenenbildung beträchtlich gesteigert[72], als auch eine gesetzliche Grundlage für die Förderung der Erwachsenenbildung durch den Bund geschaffen werden konnten.

---

70 Stenographisches Protokoll der Sitzung des Nationalrates, 21. März 1973, 6341
71 Zur verfassungsrechtlichen Problematik siehe auch weiter unten, VII
72 Siehe dazu die Ausführungen des Abgeordneten Karl Blecha (SPÖ) weiter unten

Weiteres Bestehen auf eine umfassende verfassungsrechtliche Regelung entsprach zunehmend nicht mehr den wesentlichen Interessen der Erwachsenenbildung.

Dr. Josef Gruber legte dar, in welchen Punkten des Förderungsgesetzes die ÖVP Bedenken bzw. gewisse Gestaltungswünsche hätte und dabei wird deutlich, dass es hierbei überhaupt nicht mehr um die Sache der Erwachsenenbildung selbst, sondern um einfache machtpolitische Fragen (und um die Reste der von Glöckel etablierten Strukturen) in den einzelnen Bundesländern und im Verhältnis Bund – Länder ging.

Es ging um die bundesstaatlichen Volksbildungsreferenten, um die Förderungsstellen des Bundes für Erwachsenenbildung, um die Bestellung der bundesstaatlichen Volksbildungsreferenten.

Die ÖVP befürchtete hier offensichtlich einen gesteigerten Einfluss des Bundes, wobei eben die Bundesebene zum ersten Mal in der Geschichte der Republik durch die SPÖ repräsentiert wurde.

(Allerdings waren die bundesstaatlichen Volksbildungsreferenten in den von der ÖVP regierten Ländern ohnehin parteipolitisch in der ÖVP verankert, – und dies blieb so bis zur Abschaffung der Förderungsstellen und der bundesstaatlichen Volksbildungsreferenten unter der von der ÖVP gestellten Unterrichtsministerin Elisabeth Gehrer. Ähnlich war es in den von der SPÖ regierten Bundesländern Burgenland und Kärnten.)

In Wien und Vorarlberg existierten keine bundesstaatlichen Volksbildungsreferenten und keine Förderungsstellen des Bundes.

Die SPÖ-Alleinregierung verfügte über eine parlamentarische Mehrheit, und auch wenn bei den meisten Gesetzen im Nationalrat ein Konsens mit der ÖVP-Opposition hergestellt wurde, konnte von dieser Mehrheit jederzeit tatsächlich Gebrauch gemacht werden.

Andererseits hatte die ÖVP in den meisten Bundesländern (mit Ausnahme von Wien, Kärnten und Burgenland) eine sichere Mehrheit und war daher durchaus interessiert daran, dem Bund so wenig wie möglich erweiterten Einfluss in den Ländern zu gestatten.

Und: strategisch betrachtet, musste die ÖVP allgemein vor allem an solchen rechtlichen Regelungen interessiert sein, die einer Zweidrittelmehrheit im Nationalrat bedurften, weil sie dann besonderen Einfluss auf die Gestaltung eines Gesetzes nehmen konnte.

Es hat ja in der österreichischen Erwachsenenbildungslandschaft nach 1945 immer ein hervorragendes Beispiel einer außergewöhnlichen hohen und stabilen finanziellen Förderung von Erwachsenenbildungseinrichtungen mit Schwerpunkt

„Allgemeinbildung" (Volkshochschulen und Bildungswerke), aber auch von berufsbildenden Maßnahmen, gegeben – nämlich die Stadt Wien.

Das ist der ständige Beweis dafür gewesen, dass auch ohne besondere verfassungsrechtliche Regelungen eine sehr gute Finanzierung vielfältiger Volksbildungseinrichtungen möglich war.

(Es war über Jahrzehnte hinweg auffällig, wie selten dieses Wiener Modell der guten Finanzierung der Volksbildung als Beispiel herangezogen worden ist – besser wäre wohl zu sagen: wie die Heranziehung dieses Beispiels sorgfältig vermieden worden ist.

Selbst von führenden Vertretern des Verbandes Österreichischer Volkshochschulen wurde als Vorbild der mustergültigen finanziellen Förderung der Erwachsenenbildung gerne eine italienische Provinz, nämlich das ehemalige Südtirol, herangezogen, nicht jedoch das österreichische Bundesland Wien.)

Im Übrigen beschreibt Dr. Josef Gruber ausführlich und einfühlsam die Vorzüge des neuen Erwachsenenbildungsförderungsgesetzes[73] und wendet sich dann an Unterrichtsminister Dr. Sinowatz mit einem (auch gegenwärtig noch) äußerst bedeutsamen Hinweis:

„Sie haben die Meinung vertreten, die auch von uns vertreten wurde, daß Erwachsenenbildung, wenn schon der Bund für die Vollziehung kompetent ist, nur im Kompetenzbereich des Unterrichtsministeriums angesiedelt werden könne. Wir haben daher einvernehmlich die in der Regierungsvorlage vorgesehene Mitkompetenz des Sozialministers wieder eliminiert. Nicht aus Aversion gegen den Sozialminister, sondern wir hätten damit, glaube ich, ein Präjudiz geschaffen, daß auch andere Ministerien mit voller Berechtigung gesagt hätten, auch sie wollten mitreden, insbesondere das Handelsministerium und das Landwirtschaftsministerium. Wir waren der Meinung, daß durch dieses Gesetz nicht Fragen der Berufsausbildung und auch nicht Fragen der Arbeitsmarktverwaltung beziehungsweise ähnliche Materien geregelt werden und daher eine Mitsprache nicht am Platze wäre."[74]

Der nächste Redner war der Abgeordnete Michael Luptowits von der SPÖ.

Er stellte eingangs fest:

„Das vorliegende Gesetz, das heute in diesem Hause einstimmig beschlossen wird, hat bei uns Erwachsenenbildnern, hat bei den Organisationen der Erwachsenenbildung und hat bei all den Menschen dieses Staates, die an einer Weiterbildung interessiert sind, ein großes Echo und große Genugtuung gefunden.

---

73 Stenographisches Protokoll der Sitzung des Nationalrates, 21. März 1973, 6342f.
74 Stenographisches Protokoll der Sitzung des Nationalrates, 21. März 1973, 6342

Ich glaube, damit ist ein langgehegter Wunsch in Erfüllung gegangen."[75]
Und er erinnert daran, wie denn das Gesetz zustande gekommen ist.

„Es haben für den Wahlkampf 1970 alle Parteien zur Erwachsenenbildung
Stellung genommen. Meine Partei hat ein Erwachsenenbildungs-Programm vorgelegt. Darin hieß es – ich zitiere –:

»Im Rahmen der zeitgemäßen permanenten Bildung des durchgängigen Bil-
dungssystems fällt der Erwachsenenbildung bei Einhaltung der Grundsätze der
Demokratie das Recht zu, durch ein Gesetz genauso gesichert zu werden wie das
Schulwesen.

Ein Volksbildungsgesetz soll in erster Linie der Finanzierung dienen, bei voller
Berücksichtigung der Freiheit in der Erwachsenenbildung.« Ende des Zitates.

Meine Damen und Herren! Das, was wir den Wählern in dem Erwachsenenbildungs-Programm vorgelegt haben, fand dann in der Regierungserklärung 1970
und 1971 seinen Niederschlag ....

Es ist kein Zufall, daß gerade diese Bundesregierung ein Verlangen und Vor-
stellungen der Erwachsenenbildner nun gesetzlich regelt und damit aus einem
Zustand der Unsicherheit, des Bastelns, des Improvisierens und der finanziellen
Unsicherheit herauskommt."[76]

Der Abgeordnete Luptowits macht einige äußerst interessante Bemerkun-
gen „zur Stellung und zu den Aufgaben der Erwachsenenbildung in unserer
Gesellschaft".[77]

Es geht ihm um die individuelle Weiterbildung angesichts der stetig veränderten Anforderungen in der Berufswelt; um die ökonomische Notwendigkeit der
Weiterbildung der Individuen auch im Interesse der Unternehmen; und um das
Interesse an „mündigen, urteilsfähigen und kooperativen" Bürgern im demokratischen Staatswesen.[78]

„Somit ist für mich die Weiterbildung ein entscheidendes gesellschaftspoliti-
sches Problem ...

Weil dem so ist, meine Damen und Herren, müssen wir die Erwachsenenbildung in das System eines öffentlichen, staatlich geförderten Bildungswesens
eingliedern. ...

Ich kann mir vorstellen — und glaube, daß es auch richtig ist —, daß neben
der Vorschule, der Schule und der Hochschule die Weiterbildung zu einem vier-
ten Bereich des öffentlichen Bildungswesens geworden ist und werden sollte. ...

---

75 Stenographisches Protokoll der Sitzung des Nationalrates, 21. März 1973, 6343
76 Stenographisches Protokoll der Sitzung des Nationalrates, 21. März 1973, 6344
77 Stenographisches Protokoll der Sitzung des Nationalrates, 21. März 1973, 6344
78 Stenographisches Protokoll der Sitzung des Nationalrates, 21. März 1973, 6344

Ich glaube, daß das Ziel der Bildungspolitik die Förderung des Auf- und Ausbaus des Weiterbildungssystems zu einem Hauptbereich des Bildungssystems werden muß."[79]

Die Vision des Abgeordneten Luptowits von der Erwachsenenbildung als einem relativ eigenständigen und äußerst bedeutsamen Bildungssektor wird ergänzt durch die Vorstellung, dass „die Erwachsenenbildung nicht mehr länger als Hilfsmittel zur Beseitigung von Bildungsmängeln", betrachtet werden, sondern „Lebenshilfe sein" sollte, „den Menschen in die Lage versetzen", sein Leben auch neu zu gestalten.

An dieser Stelle entwickelt er auch die Vorstellung, dass die Erwachsenenbildung und die neuen Wege der in diesem Bereich stattfindenden Bildungsarbeit positive Aus- und Rückwirkungen auf die Schulen und Hochschulen haben könnten.

„So meine ich, daß hier eine Wechselwirkung möglich wäre, die für beide Teile befruchtend wirken könnte."[80]

Abschließend entwirft der Abgeordnete Luptowits, im Zusammenhang mit der damals in England begonnenen Entwicklung einer „Open University", die Vorstellung, dass solch ein Experiment auch auf Österreich übertragen werden könnte und skizziert die Vision von einer Erwachsenenbildung als einem Feld der Entwicklung neuen Lehrens und Lernens, der Kooperation zwischen Lehrenden und Lernenden und der Übertragung dieser Entwicklungen auf die Bereiche des herkömmlichen Schul- und Hochschulwesens; und er sieht in all dem einen wichtigen Beitrag zur Demokratisierung der Bildung.

„Denn ich glaube, meine Damen und Herren, daß die bildungspolitische Hoffnung, die wir in die Erwachsenenbildung setzen, natürlich gerade im Bildungsprozeß zu einer weiteren Demokratisierung der Bildung führen könnte.

Gerade die Erwachsenenbildung bietet sich ja in hervorragender Weise an, die Bildungsempfänger zu beteiligen, und zwar sowohl hinsichtlich des Inhaltes als auch der Methode."[81]

„Schulbildung muß den Grundstein zur Erwachsenenbildung legen. Der Übergang von der institutionalisierten Schulbildung zur außerschulischen Bildung sollte ohne Bruch, also kontinuierlich, vor sich gehen. Wir werden uns sicherlich noch viele, viele Gedanken machen, wie die sogenannte ergänzende Ausbildung im Rahmen der Erwachsenenbildung Platz finden muß. ... wie das Wissen, das

---

79 Stenographisches Protokoll der Sitzung des Nationalrates, 21. März 1973, 6345
80 Stenographisches Protokoll der Sitzung des Nationalrates, 21. März 1973, 6345
81 Stenographisches Protokoll der Sitzung des Nationalrates, 21. März 1973, 6346

immer aufs Neue in die Gesellschaft hineinströmt, den Absolventen der Schule, die bereits im Berufsleben stehen, neu vermittelt wird. Das ist doch ein Problem, das nicht nur zur Berufsfortbildung, sondern ganz allgemein zum Verstehen der gesellschaftlichen Phänomene, der gesellschaftlichen, politischen und wirtschaftlichen Prozesse führen soll.

All das sind Dinge, die uns eines Tages zwingen werden, uns auch Gedanken zu machen, welche Formen die ergänzende Ausbildung bekommen und haben soll.

Als Erwachsenenbildner muß ich schon eines anmerken: daß man bei aller Freundlichkeit doch darauf achten muß, daß diese Institutionen der Erwachsenenbildung nicht allzu starr werden. Sie sollen so flexibel sein, daß sie sich neuen Gegebenheiten leicht anpassen können.

Ich glaube, daß gerade die österreichischen Erwachsenenbildner und die Organisationen in der Vergangenheit und auch in der Gegenwart zeigen, daß sie in der Lage sind, sich diesen neuen Gegebenheiten durch neue Formen, durch neue Strukturen anzupassen.

Gerade dieses Finanzierungsgesetz wird ihnen die Möglichkeit schaffen, hier noch weitere Fortschritte zu erzielen."[82]

Als letzter Redner sprach der Abgeordnete Karl Blecha (SPÖ).

Er hob „zwei gesellschaftspolitisch besonders relevante Aufgabenkreise" der Erwachsenenbildung hervor, „nämlich die Schaffung von Grundlagen zur schöpferischen Lebensgestaltung und Selbstverwirklichung des Menschen" und „die Schaffung von Grundlagen zur Demokratisierung unserer Gesellschaft".

„Daher ist die Erwachsenenbildung, wie der Herr Abgeordnete Gruber ganz richtig gesagt hat, ein gleichwertiger Bestandteil unseres gesamten Bildungssystems, und daher ist es ganz folgerichtig, daß der Schritt getan werden mußte, daß die Erwachsenenbildung in die staatliche Förderung nun eingegliedert wird."[83]

„Wir Sozialisten freuen uns, daß heute ein seit mehr als 50 Jahren gehegter Wunsch der Erwachsenenbildung in Erfüllung geht, und wir freuen uns auch darüber, daß dieses Gesetz ein weiterer Beweis dafür ist, daß das Regierungsprogramm der Regierung KreiskyII, Zug um Zug verwirklicht wird. ...

... es ist noch nie soviel für die Erwachsenenbildung geschehen wie unter dieser Bundesregierung. Es gibt eine Erhöhung der Mittel, die, glaube ich, beispiellos ist.

Im Jahre 1969, dem letzten Jahr der ÖVP-Regierung, wurden für die Erwachsenenbildung 18.039.845 Schilling ausgegeben. Im Jahre 1972 waren das 46.452.718 Schilling. Und im laufenden Jahr 1973 werden es fast 50 Millionen Schilling sein.

82 Stenographisches Protokoll der Sitzung des Nationalrates, 21. März 1973, 6347
83 Stenographisches Protokoll der Sitzung des Nationalrates, 21. März 1973, 6351

Das ist eine Erhöhung der Mittel, die wir kaum bei anderen Budgetposten in einem so kurzen Zeitraum feststellen können. Also ich darf noch einmal sagen: Noch nie wurde so viel Geld für die Erwachsenenbildung bereitgestellt wie unter der gegenwärtigen Regierung.

Dann ist es möglich geworden, die Zusammenarbeit der einzelnen Verbände in einer ständigen Konferenz der Erwachsenenbildung zu gewährleisten, wo die Initiativen koordiniert werden."[84]

Und dann gibt es seitens des Abgeordneten Karl Blecha ein umfangreiches Plädoyer für die politische Bildungsarbeit mit Erwachsenen und deren Bedeutung für die weitere Entwicklung der Demokratie, und insbesondere der direkten Demokratie:

„Wir wollen keine Polarisierung in der Erwachsenenbildung zwischen den technokratischen und den emanzipatorischen Interessen der Bildung, wir wollen vielmehr der Interessensverbindung dienen und sie fördern. … wie wirklich Entscheidungsprozesse in der modernen Industriegesellschaft abrollen, das vermitteln wir doch gar nicht.

Da müssen wir jetzt mit der politischen Bildungsarbeit einsetzen. Wir müssen doch viel mehr dem Bürger die Möglichkeit geben, zu sehen, wie man Meinungen zum Tragen bringen kann, wie man sich aktiv im Meinungsbildungsprozeß einsetzen kann.

Man muß ihn auch lehren, was es heißt, wenn er einen Bescheid bekommt: Wie kann er sich gegen ihm falsch erscheinende Entscheidungen der Bürokratie wehren?

Kenntnisse über den verfassungsrechtlichen Sollzustand sind unbedingt notwendig.

Aber es ist auch die Information über den gesellschaftlichen Istzustand erforderlich. Die kritische Urteilsfähigkeit ist nur dann möglich, wenn man Bescheid weiß über das, was ist, sodaß also erst die Information die kritische Urteilsfähigkeit ermöglicht. Die kritische Urteilsfähigkeit wiederum ermöglicht die Diskussion, und diese Diskussion über die bestehenden Institutionen führt dann zum Engagement des Staatsbürgers, der dann Bürgerinitiativen in dem Sinne ernst nimmt, daß sie der Durchsetzung kollektiver Interessen dienen und sein eigenes Engagement sich nicht in der Leistung einer Unterschrift erschöpfen darf. …

Wir glauben also, daß dieses Bundesgesetz ein weiterer Schritt dazu ist, der Erwachsenenbildung zu ermöglichen, auch im Bereich der politischen Bildung ihre Aufgaben zu erfüllen.

---

84 Stenographisches Protokoll der Sitzung des Nationalrates, 21. März 1973, 6351f.

Hinter dieser Maßnahme steht auch das bildungspolitische Hoffen nach Demokratisierung der Gesellschaft. Wir glauben, daß mit der Beschlußfassung des
Gesetzes über die Förderung der Erwachsenenbildung aus Bundesmitteln, dem
wir freudig unsere Zustimmung geben, ein weiterer Schritt zur Realisierung dieses
Hoffens getan wird."[85]

Das **Bundesgesetz vom 21. März 1973 über die Förderung der Erwachsenenbildung und des Volksbüchereiwesens aus Bundesmitteln** zeichnet sich
dadurch aus, dass es dem Bund ausdrücklich aufträgt, „die Unabhängigkeit der
Förderungsempfänger hinsichtlich der Programm- und Lehrplangestaltung, der
pädagogischen Methoden und der Auswahl der Mitarbeiter zu bewahren." [§ 6]

Dies ist im Rahmen eines für das Schulwesen zuständigen Ministeriums außergewöhnlich, weil ja diesem wesentlich hoheitsrechtliche Aufgaben zukommen:
die Aufsicht über Inhalte, Methoden, Personal.

Im Förderungsgesetz hat der Gesetzgeber die Besonderheiten der Situation
der Erwachsenenbildung in Österreich berücksichtigt: es existieren eigenständige
Organisationen, deren Finanzierung zu einem nicht unbeträchtlichen Teil durch
Eigenaufbringung (z.T. durch Teilnehmerbeiträge) erfolgt; zugleich besteht aber
ein öffentliches, allgemeines Interesse an der Möglichkeit einer finanziellen Unterstützung von Bildungsmaßnahmen für Erwachsene.

Allerdings darf eine Förderung „nur unter der Voraussetzung erfolgen, daß der
Förderungswerber Gewähr für die Erreichung des angestrebten Erfolges bietet,
indem er – unbeschadet des § 6 – insbesondere fachlich geeignete Mitarbeiter
einsetzt und Methoden anwendet, die der Erwachsenenbildung angemessen sind."
[§ 5 (3)]

Wichtig ist auch:

„Der Besuch von Veranstaltungen muß jedermann offenstehen; er darf nur im
Hinblick auf erforderliche Vorkenntnisse beschränkt werden. Die Teilnahme an
den Veranstaltungen muß freiwillig sein." [§ 5 (3)]

Zusammenfassend kann gesagt werden, dass das Förderungsgesetz 1973 einen
Rahmen für Entwicklungen, und zwar durchaus für systematische und kontinuierliche und kooperative Entwicklungen, darstellt.

Der bildungspolitische Wille des Gesetzgebers wurde dahingehend zum Ausdruck gebracht, die finanzielle Förderung der Erwachsenenbildung durch die
Schaffung einer gesetzlichen Grundlage dafür zu ermöglichen.

Zugleich wird **nicht** der Weg des Regelschulwesens eingeschlagen; es wird
davon ausgegangen und Wert darauf gelegt, dass eigenständige Institutionen

---

85 Stenographisches Protokoll der Sitzung des Nationalrates, 21. März 1973, 6352f.

existieren, die ihre Existenz nicht bloß dem staatlichen Willen und der staatlichen Finanzierung verdanken.

Bemerkenswert ist auch, dass eine regelmäßige Zusammenarbeit zwischen bundesstaatlichen Stellen und den privaten Einrichtungen der Erwachsenenbildung von Gesetzes wegen angelegt ist, und dass die staatlichen Maßnahmen keineswegs auf finanzielle Leistungen eingeschränkt werden, sondern in einer Vielzahl von unterstützenden – strukturellen – Maßnahmen bestehen.

Das Bundesgesetz über die Förderung der Erwachsenenbildung 1973 ist also durchaus ein brauchbarer Rahmen für weitere Entwicklungen in der österreichischen Erwachsenenbildung: es ermöglicht bei gegebenem politischen Willen den kontinuierlichen Ausbau und die Verbesserung der Bildungsarbeit mit Erwachsenen ebenso wie eine dem notwendigerweise entsprechende Verbesserung der öffentlichen Finanzierung.

VII. Verfassungsrechtliche Fragen der Zuständigkeit von Bund und Ländern für die Erwachsenenbildung in Sachen „Volksbildung" oder „Erwachsenenbildung"

In einer Rede im Nationalrat, im Jahre 1948 bemerkte der Abgeordnete Dr. Neugebauer (SPÖ) in Bezug auf ein „Volksbildungsgesetz" bzw. eine verfassungsrechtliche Regelung des Bereiches der „Volksbildung":

„Es ist keine gesetzliche Regelung da, die die Rechte verteilt, und wenn es keine Rechte gibt, warum sollte man sich dann Pflichten aufbürden? Aber der Artikel 12 der österreichischen Bundesverfassung wünscht ja, es möge nicht nur auf dem Gebiete des Schulwesens eine Abgrenzung der Kompetenzen des Bundes und der Länder erfolgen, sondern ebenso auf dem Gebiete des Volksbildungswesens. Und das ist bisher nicht geschehen."[86]

Beim Entstehen der österreichischen Bundesverfassung wurden einige Bereiche als erst in Zukunft verfassungsrechtlich zu regelnde festgelegt. Über diese Fragen, zu denen die Bereiche des Schulwesens und der Erwachsenenbildung zählten, konnte eben keine sofortige Einigung erzielt werden. Doch die noch nicht endgültig erfolgte Regelung der Zuständigkeiten des Bundes und der Länder in Gesetzgebung und Vollziehung bedeutete ja nicht, dass bis dahin kein Schulwesen und keine Volksbildung zu existieren vermochten.

Aber im Besonderen nach 1945 sprachen Erwachsenenbildner immer wieder davon, und gaben der Hoffnung Ausdruck, dass eine verfassungsrechtliche

---

86 Stenographisches Protokoll der Sitzung des Nationalrates, 14. Dezember 1948, 2743

Regelung der Kompetenzen des Bundes und der Länder der Volksbildung (oder: Erwachsenenbildung) auch eine gesicherte und gesteigerte Finanzierung bringen würde.

Nun ist es zum Verständnis dieser wiederkehrenden Debatte zur verfassungsrechtlichen Kompetenzregelung wichtig, sich die gesellschaftliche Funktion der österreichischen Bundesverfassung in der 1. und 2. Republik zu vergegenwärtigen und dann die Erwartungen der österreichischen Erwachsenenbildungsinstitutionen etwas genauer zu betrachten.

Die österreichische Bundesverfassung ist wesentlich eine „Spielregelverfassung", das heißt, sie regelt die politischen Verfahrensweisen, die politischen „Spielregeln", in der demokratischen Republik Österreich.

Die österreichische Bundesverfassung ist nicht orientiert an höheren Werten, an Gott, an religiösen Lehren, an naturrechtlichen Vorstellungen; aber sie ist orientiert an der Demokratie, an der Republik, an der Rechtsstaatlichkeit und an der Sicherung der freiheitlichen Rechte der Staatsbürgerinnen und Staatsbürger (ihres Schutzes vor der Willkür der staatlichen Obrigkeit).

In der Ersten Republik war die Verfassung der demokratischen Republik ständigen Angriffen seitens des Blocks der rechten Parteien (insbesondere der Christlich-Sozialen) und der Heimwehren ausgesetzt.

Die bürgerlich-demokratische Verfassung (die 1920 im Parlament einstimmig beschlossen worden war) galt ihren rechten Kritikern als eine „unter dem Druck der roten Wiener Straße" zustande gekommene „halb-bolschewistische Verfassung".

Der Kampf um die Verfassung endete in der Ersten Republik mit ihrer Beseitigung unter Bundeskanzler Dollfuß und der Erlassung der ständestaatlichen Verfassung 1934.

In der Zweiten Republik stand die Verfassung von Anfang an zwischen den großen politischen Parteien ÖVP (der Nachfolgerin der Christlich-Sozialen Partei) und der SPÖ außer Frage.

Man einigte sich 1945 sofort auf eine rechtliche Fiktion, nämlich auf den Fortbestand und Wiedererstehen der österreichischen Bundesverfassung 1920 (in der Fassung von 1929) und deren zeitweiliger Aussetzung unter dem Nationalsozialismus; sorgfältig ausgeklammert wurde dabei die neue Verfassung des Austrofaschismus aus dem Jahre 1934.

Politisch stand so die Verfassung außer Streit. Aber sie war in der Zweiten Republik eine Spielwiese für rechtsphilosophische Betrachtungen und juristische Interpretationen (die allerdings keinen Eingang in die Gesetzgebung des Nationalrates gefunden haben).

Das Verfassungsverständnis so mancher Juristen war nicht geprägt durch das zutiefst demokratische Rechtsverständnis Hans Kelsens und seiner Schule, sondern von Naturrechtslehren und der Demokratie oft eher fernstehenden Rechtsauffassungen.

Damit verknüpft waren in den 1950er und 1960er Jahren wiederkehrend vertretene Meinungen, unter Verfassungsjuristen und sich rechtsphilosophisch Betätigenden, die besagten, dass möglichst alle sozialen Bereiche irgendwie rechtlich geregelt und somit auch irgendwie in die Verfassung einbezogen werden müssten: die Rede war insbesondere von den Gewerkschaften, von den politischen Parteien etc.; hier sollten im schleichenden Wege freie Assoziationen (insbesondere Interessensvertretungen der arbeitenden Klassen) der stärkeren Kontrolle durch die staatliche Obrigkeit unterworfen werden.[87]

Im Übrigen gab es die andauernden Föderalismus-Debatten und die damit verbundenen Fragen der Kompetenzen des Bundes und der Bundesländer.

Dieser Hintergrund ist wichtig, gerade deswegen, weil er von jenen in der Erwachsenenbildung, die sich von der Kompetenzregelung Vorteile (vor allem in der Finanzierung) erwarteten, keineswegs besonders wahrgenommen wurde.

Es kann die These verfochten werden, dass es in den Debatten um die Kompetenzregelung nie um die Erwachsenenbildung, sondern bestenfalls um allgemeine Auseinandersetzungen um Fragen des Föderalismus ging.

Selbst wenn bei Aussprachen zwischen Vertretern des Bundes und der Länder noch so großes Wohlwollen untereinander und in Bezug auf die Erwachsenenbildung existierte, war das Ergebnis solcher Aussprachen nicht mehr als eine Liste von freundlichen Absichtserklärungen, vielleicht noch die Einsetzung einer Arbeitsgruppe …

Ein charakteristisches Beispiel für einen derartigen Vorgang ist die vom Bundesministerium für Unterricht und Kunst am 15. und 16. September 1982 im Bundesinstitut für Erwachsenenbildung St. Wolfgang veranstaltete Enquete zu dem Thema „Neuregelung der Kompetenzen im Bereich der Erwachsenenbildung".

Die Enquete diente vor allem der Information der Vertreter der Verbände der Erwachsenenbildung über den Stand der Verhandlungen zwischen Bund und

---

87 Wie eine nüchterne und sachlich kompetente Darstellung der verfassungsrechtlichen Lage der Erwachsenenbildung (ohne ideologische Verzerrungen) erfolgen kann, hat im Jahre 1972 der damalige Leiter der Abteilung Legistik im Bundesministerium für Unterricht und Kunst, Ministerialsekretär Felix Jonak bei der Tagung „Neue Wege der Zusammenarbeit in der österreichischen Erwachsenenbildung IV" dargestellt. Siehe: Hans Altenhuber, „Neue Wege der Zusammenarbeit in der österreichischen Erwachsenenbildung IV. Tagungsbericht", *Erwachsenenbildung in Österreich* 9 (1972): 395f

Ländern für eine Neuregelung der Kompetenzen im Bereich der Erwachsenenbildung sowie der Diskussion dieser Thematik. Insgesamt nahmen 38 Personen
an der Enquete teil (3 Vertreter der Klubs der im Nationalrat vertretenen Parteien,
11 Vertreter des Bundes, 11 Vertreter der Länder und 13 Vertreter der Verbände
der Erwachsenenbildung).

Über den Standpunkt des Bundes referierten Sekt.Chef Dr. Ludwig Adamovich
(Bundeskanzleramt-Verfassungsdienst) aus entwicklungsgeschichtlicher Sicht,
Sekt.Chef DDr. Viktor Heller (Bundesministerium für Unterricht und Kunst)
über die rechtlichen Aspekte und den Stand der Verhandlungen und Sektionsleiter
Min.Rat Dr. Hans Altenhuber (Bundesministerium für Unterricht und Kunst)
aus bildungspolitischer Sicht. Den Standpunkt der Länder legten Hofrat Dr. Karl
Foltinek (Wien) und Dr. Bernhard Röser (Vorarlberg) in Kurzreferaten dar. In der
Diskussion nahmen dazu, außer den schon angeführten Referenten, insbesondere
Senatspräsident Dr. Werner Hinterauer[88] (Ring Österreichischer Bildungswerke)
und Min.Rat Dr. Felix Jonak (Bundesministerium für Unterricht und Kunst) aus-
führlicher Stellung zu verfassungsrechtlichen Aspekten.

Als konkrete weiterführende Vorschläge der Enquete wurden festgehalten:

1) Der Wunsch von Vertretern der Verbände der Erwachsenenbildung, dass bei
   einer Neuregelung der Kompetenzen folgende Gesichtspunkte berücksichtigt
   werden:

   a) Außer der Zuständigkeit des Bundes für bestimmte Bereiche der Erwachse-
      nenbildung in Gesetzgebung und Vollziehung eine Grundsatzgesetzgebung
      des Bundes für alle übrigen Angelegenheiten der Erwachsenenbildung.

   b) Eine verfassungsrechtliche Verankerung der Freiheit und Freiwilligkeit der
      Erwachsenenbildung.

2) Das Fernunterrichtswesen, über dessen gesetzliche Regelung inhaltlich weitgehend ein Konsens zwischen Bund und Ländern besteht, soll nicht aus dem
   Paket der vorgesehenen Neuregelung der Kompetenzen für die Erwachsenenbildung herausgenommen werden.

3) Zur weiteren Abklärung wird vorgeschlagen, den gesamten Bereich der Erwachsenenbildung im Hinblick auf eine Kompetenzregelung und mögliche Gesetzgebungsbereiche aufzulisten, um daraus Orientierungshilfen für
   die weiteren Verhandlungen zwischen Bund und Ländern zu gewinnen. Es
   wird beschlossen, dafür, unter Federführung des Bundesministeriums für
   Unterricht und Kunst, eine Arbeitsgruppe einzusetzen, der je 2 Vertreter des

---

88 Mitglied des Verwaltungsgerichtshofes und des Verfassungsgerichtshofes

Bundesministeriums für Unterricht und Kunst, der Länder (über die Verbindungsstelle der Bundesländer) und der Verbände der Erwachsenenbildung (über die Konferenz der Erwachsenenbildung Österreichs) angehören sollen. Diese Arbeitsgruppe soll, auch unter Heranziehung der von der Terminologie-Projektgruppe der Konferenz der Erwachsenenbildung Österreichs erarbeiteten Unterlagen, eine Definition der Begriffe Volksbildung und Erwachsenenbildung im Hinblick auf eine Verfassungsregelung erarbeiten."[89]

Das Erwachsenenbildungsförderungsgesetz 1973 hat im übrigen gezeigt, was rechtlich und im Rahmen der verfassungsrechtlichen Spielregeln möglich gewesen ist; alles weitere hängt stets vom politischen Wollen der für den Gesetzesvollzug Zuständigen ab.

PERSONALIA

Karl Blecha
Geb.: 16. 04. 1933, Wien
Beruf: Soziologe
Politische Mandate: Abgeordneter zum Nationalrat, SPÖ, 31. 03. 1970 – 31. 05. 1983
24. 02. 1989 – 25. 04. 1989
Bundesminister für Inneres, 24. 05. 1983 – 02. 02. 1989

Dr. Josef Gruber
Geb.: 10. 02. 1922, St. Florian bei Linz
Verst.: 03. 03. 1980, Wels
Beruf: Direktor des Bildungshauses Puchberg bei Wels
Politische Mandate: Abgeordneter zum Nationalrat, ÖVP, 09. 06. 1959 – 04. 06. 1979

Michael Luptowits
Geb.: 08. 12. 1915, Bosnisch Brod
Verst.: 29. 09. 1998, Wien
Beruf: Hauptschuldirektor
Politische Mandate: Abgeordneter zum Nationalrat, SPÖ, 30. 03. 1966 – 04. 06. 1979

---

89 Karl Dillinger, Ed., „Zur Frage einer Neuregelung der Kompetenzen für den Bereich der Erwachsenenbildung", *Materialien zur Österreichischen Erwachsenenbildung 1* (Wien: Bundesministerium für Unterricht und Kunst, 1983) 9ff

Karl Mark
Geb.: 01. 08. 1900, Wien
Verst.: 24. 01. 1991, Wien
Beruf: Angestellter
Politische Mandate: Abgeordneter zum Nationalrat, SPÖ, 19. 12. 1945 – 30. 03. 1966

Lona Murowatz
Geb.: 08. 02. 1919, Filzmoos (Steiermark)
Beruf: Buchhandelsangestellte
Politische Mandate: Abgeordnete zum Nationalrat, SPÖ, 07. 02. 1968 – 30. 09. 1981

Dr. Max Neugebauer
Geb.: 08. 09. 1900, Barzdorf/Bernartice u Javorníka (Schlesien) Verst.: 09. 03. 1971,
Korneuburg Beruf: Hauptschuldirektor
Politische Mandate: Abgeordneter zum Nationalrat, SPÖ, 19. 12. 1945 – 30. 03. 1966

Gernot Stimmer

Wege zur gesamtösterreichischen Erwachsenenbildungsvertretung – am Beispiel der Bildungswerke und der Konferenz der Erwachsenenbildung Österreichs

1. Der geistig ideologische Hintergrund

Um die Gründungsphase der Bildungswerke etwas besser zu verstehen, ist ein Rückblick auf die ideologisch-politischen Wurzeln der Bildungsszene der Ersten Republik und des Ständestaates angebracht. Dies deshalb, da die polarisierte Bildungs- und Kulturlandschaft der Zwischenkriegszeit als Erbe auf die Zweite Republik überging und alle der am Aufbau des neuen Bildungs- und Erwachsenenbildungssystems nach 1945 Beteiligten davon geprägt waren.

Werfen wir einen vergleichenden Blick auf das ideologisch aufgeladene Schul- und allgemeine Bildungssystem bis 1938, so stehen sich drei dominante Bewegungen gegenüber:

Zum einen das katholisch-konservative Bildungslager, gestützt auf die Vielzahl katholischer Ordensschulen sowie die Bildungsaktivitäten der katholischen Laienbewegung, die zugleich das strukturelle und ideelle Rückgrat der christlichsozialen Partei bzw. allgemein eines „Politischen Katholizismus" bildete.

Zum anderen ein sich trennscharf davon distanzierendes, teils noch auf dem Ideengut der liberalen allgemeinen Volksbildung basierendes sozialistisches Gegenmodell, das sich speziell in Wien in seiner ganzen Vielfalt von Bildungsorganisationen und emanzipatorischen Bildungsaktivitäten entfaltete.

Zum Dritten das sich zwar ebenfalls auf das liberal antiklerikale Erbe berufende Dritte Lager, das sich aber zunehmend auf ein transnationales deutsches Volkstum und ein sich daraus ableitendes spezifisches deutsch-antisemitisch eingeschränktes Bildungs- und Kulturverständnis berief.

Diese vordergründig monolithischen Bildungslager wurden indes überdeckt und aufgebrochen durch das lagerübergreifende Phänomen der Jugendbewegung, die als ursprünglich antibürgerliche Protestbewegung das gesamte traditionelle Bildungssystem in Frage stellte und mit der ihr eigenen Deutungsmacht neue Schlüsselworte wie Freie Schule, Körperkultur, Musische Bildung u.a. kreierte, als Spaltpilz innerhalb der festgefügten bildungspolitischen Lager wirkte und lagerübergreifend personelle Kontakte und Allianzen schuf, die gerade im Bereich

der Volks- bzw. Erwachsenenbildung ungeachtet der späteren persönlichen parteipolitischen Zuordnung auch in der Gründungsphase der Zweiten Republik
erhalten blieben.

2. Die Gründergeneration

Aus dieser ideellen Gemengelage kamen die Pioniere der Gründerzeit der neuen
Volks- bzw. Erwachsenenbildung, die ab den späten 1940er-Jahren zunächst auf
kommunaler und Landes- bzw. Diözesanebene und danach auf Bundesebene
die verschiedensten Erwachsenenbildungsorganisationen der Zweiten Republik
schufen.

Auf dieser gesamtösterreichischen Ebene begegneten bzw. konfrontierten sich
die unterschiedlichen, noch von Erster Republik, Ständestaat und Drittem Reich
geprägten Charaktere, die sich berufen fühlten, ihren Beitrag für eine neue Erwachsenenbildung in der Zweiten Republik zu leisten.

Dabei wiederholte sich im Kleinen, was die politische Situation der Gründer-
jahre der Zweiten Republik im Allgemeinen bestimmte – das Zusammentreffen
und die Zusammenarbeit von Personen, die sich bis 1938 bzw. 1945 noch als
erbitterte Gegner im Rahmen ihrer politischen Lager gegenübergestanden waren und sich nun teils in der selben Bildungsorganisation, teils auf der Ebene
der gesamtösterreichischen Erwachsenenbildungsstrukturen wieder begegneten.

Bezogen auf die 1955 sich zum Ring Österreichischer Bildungswerke zusam-
menschließenden, teils konfessionellen, teils säkularen Bildungswerke soll das in
Form einiger „Narrativer Biographien" skizziert werden.

Der marxistische Sozialdemokrat Karl Mark, der bereits als Aktivist der Jung-
front bzw. der Linksopposition gegen die eigene Parteilinie opponierte, war nach
dem Februar 1934 in Wöllersdorf und sonstigen Gefängnissen des Ständestaates
inhaftiert und wirkte nach seiner Entlassung als Vermittler zwischen der illegalen
KPÖ und den illegalen Revolutionären Sozialisten. Das hinderte ihn nicht daran,
im Februar/März 1938 mit anderen Sozialdemokraten Schuschnigg mit einer
offiziellen linken Zeitung, wenn auch erfolglos, in seinem Kampf gegen den Nationalsozialismus zu unterstützen. Das Dritte Reich überlebte er als „Garnisons-
verwendungsfähiger Halbjude" zwischen Döbling und Ramseiden in Salzburg, in
beiden Orten Kontakte zu sozialistischen bzw. katholischen und selbst deutschna-
tionalen Oppositionellen aufnehmend. Diese Vertrautheit mit dem urbanen wie
dem ländlichen Milieu veranlasste ihn, in der Zweiten Republik zwei Eb-Einrichtungen in Wien aufzubauen – ein urban-intellektuelles (Institut für Wissenschaft
und Kunst) und das in seiner Struktur (Musik-Sänger-Heimatvereine) den Bildungswerken vergleichbare Wiener Volksbildungswerk. Als dessen Präsident trifft

er im Rahmen des Verbandes und des Rings Österreichischer Bildungswerke auf zwei „schwarze" Landeshauptleute. Heinrich Gleißner, der 1934 als Heimwehr-führer aktiv an der Niederwerfung des Arbeiteraufstandes in Wien teilgenommen hatte, und Hans Lechner, der als Neuländer dagegen protestiert hatte.

Alle drei, inzwischen Spitzenpolitiker der Zweiten Republik und Funktionäre der Bildungswerke, verband indes das Überleben im Dritten Reich – der eine, Karl Mark, als ständig von der Gestapo observierter Angestellter eines Papierwarenge-schäfts, der andere, Heinrich Gleißner, (unter dem Schutz eines mitinhaftierten Kriminellen) im KZ, der dritte, Hans Lechner, nach einer kurzzeitigen Verhaftung wegen angeblicher Sabotage, in der Deutschen Wehrmacht.[1]

Jahre später sollten der ehemalige „Hahnenschwänzler" und CVer, der illegale revolutionäre Sozialist und spätere Bildungsfunktionär und der vom Bildungsver-ständnis eines Romano Guardini geprägte Neulandvertreter Spitzenpositionen im Rahmen der Bildungswerke auf Landes- und Bundesebene einnehmen und maß-geblich an der Schaffung einer, allgemein- und berufsbildende Verbände vereini-genden, gesamtösterreichischen Vertretung der Erwachsenenbildung beteiligt sein.

Diesen drei Bildungspolitikern stellen wir den Typus des reinen Bildungstheo-retikers und Pädagogen gegenüber: Der bereits als interdisziplinärer Student zum „Brennerkreis" Ludwig von Fickers stoßende Neuländer Ignaz Zangerle, der schon 1933 vor den kommenden schweren Zeiten für die Kirche(n) warnte, überdauerte in einer prekären Funktion im Rahmen der beruflichen Weiterbildung das Dritte Reich (und erfuhr im Rahmen dieser Tätigkeit auch von der Realität der KZ).

Er bleibt wie viele andere Neuländer der Bildungsidee verpflichtet und wird so (nach Kardinal König) der „große Mentor" der katholischen Erwachsenenbil-dung, allerdings immer im Sinne eines „literarischen Katholizismus", den er wort- und schreibgewaltig als Lektor des Otto Müller Verlages auch bei der Förderung damals unbekannter Literaten wie etwa Thomas Bernhard oder Conny Hannes Meyer vertrat.[2]

Diese vier biographischen Skizzen, die sich in vergleichbarer Weise bei den anderen Erwachsenenbildungsverbänden nachzeichnen ließen, mögen genü-gen, um zu erkennen, aus welch unterschiedlicher idealler Gemengelage sich die Führungspersönlichkeiten der drei Bildungswerkverbände und überdies die

1   Karl F. Stadler, Opfer verlorener Zeiten. Die Geschichte der Schutzbund-Emigranten 1934, Wien 1974, 30–32, Karl Mark, 75 Jahre Roter Hund, Lebenserinnerungen, Wien 1990, 70–117

2   Ursula Schneider/Annette Steinsick, Cocktails zum Konzil. Die Brief-Kultur des Ignaz Zangerle (1905–1987), in: Johann Holzner/Eberhard Sauermann (Hg.), Festschrift für Allon Jonik, Mitteilungen aus dem Brenner-Archiv, Innsbruck 2006, 187–195

gesamtösterreichische Konstruktion des Rings Österreichischer Bildungswerke
zusammensetzten.

Dieser war nach der politischen Farbenlehre der Zweiten Republik zwar of-
fiziell als „schwarzer" Eb-Verband zugeordnet, wies aber unter dieser formalen
Homogenität ein beachtliches Spektrum an ideologischen und bildungspolitischen Gegensätzlichkeiten auf, die teils subtil, teils öffentlich ausgetragen wurden.

3. Die Idee der Bildungswerke

Bei der Neugründung der österreichischen Erwachsenenbildungseinrichtungen
nach 1945 wurde einerseits auf die erfolgreichen Modelle der Monarchie bzw.
der Ersten Republik wie Volkshochschule, Urania, Volksbücherei u.a. zurückge-
griffen, andererseits wurden neue Formen institutionalisierter Bildung wie die
Bildungswerke installiert.

Schon bei einer trennscharfen Begriffsklärung des Wesens des „Bildungswer-
kes" stoßen wir auf die Schwierigkeit, dass es im Gegensatz zu anderen institutio-
nell-funktional leicht erklärbaren Bildungsinstitutionen keine allgemein geltende
wissenschaftliche Definition dafür gibt. Benützen wir die heute allgegenwärtigen
globalen Wissensspeicher, so tauchen die Bildungswerke entweder in einer Reihe
synonymer Begriffe zwischen Bildungswüste und Bildungswerkstatt auf, oder es
wird kurzerhand mitgeteilt, dass es dazu bis heute noch keine Definition gäbe bzw.
sie erst geschrieben werden müsse. Auch die englischsprachige Pädagogik liefert
mit ihrer Übersetzung als „training institution" eigentlich das genaue Gegenteil
dessen, was die Bildungswerke als pädagogischen Anspruch erhoben.[3]

Gehen wir den Weg zur institutionellen Eigeninterpretation zurück, so stoßen
wir hingegen sehr bald auf eine fast metaphysisch begründete Erklärung der We-
sensart der Bildungswerke.

In einer geistigen Rundumverteidigung gegen „enttäuschte Bildungstechno-
logen", die sich auf dem Boden eines „sterilen Methodismus" in ein „ratloses Bildungsmanagement" flüchten, wird diesen drohenden Tendenzen der Zeit vom
Festredner anlässlich der 20-Jahr-Feier der Gründung des Rings am 10. Juli 1975
der Grundgedanke der Bildungswerke entgegengestellt, wonach Allgemeinbildung als Gemeinschaftswerk aller TeilnehmerInnen zur Erlangung aktiver, d.h.
in der Gemeinschaft gelebter, Freiheit zu verstehen sei. Diese Leitidee der Freiheit
der Bildung bedeutet andererseits auch die Verpflichtung, sich durch „keinerlei
Organisations-Raster" einengen zu lassen, sondern die dynamische und flexible

3   Wikipedia 5.7.2013

Organisationsvielfalt der lokalen, landes- bzw. diözesanspezifischen Bildungswerke als Garant einer freien Erwachsenenbildung zu sichern.[4]

Auf diese Grundidee der „zweckfreien" Bildung beriefen sich auch die Redner der katholischen und evangelischen Verbände bei der 20-Jahr-Feier des Rings, wenn auch mit mehr offensiver Zuversicht in die Zukunft.

Es würde den damaligen Protagonisten Genugtuung bereiten, wenn sie etwa eine 2013 publizierte Kritik an der aktuellen Bildungspolitik der EU hörten, die nach jahrelangen Bologna- und Pisa-Reformen Bildung zu einer rein arbeitsmarktkonformen Qualifikations- und Kompetenzvermittlungsfunktion reduzierte.[5]

Jenseits des für diese Zeit üblichen Pathos kündigt sich in dieser Selbstbestimmung des Rings schon eine Defensivhaltung der Bildungswerke gegenüber verordneten Organisationsmodellen und empirisch messbaren Bildungsleistungen an, die im Zeitalter der statistischen Leistungserhebung und Evaluierungstechniken zunehmend Probleme dabei bereiten musste, die eigene Bildungseffizienz quantitativ unter Beweis zu stellen, die andererseits zur Legitimierung staatlicher Förderung notwendig wurde.

Die Bildungswerke zeichneten sich somit durch einige sich von anderen Bildungseinrichtungen klar unterscheidende Besonderheiten auf:

*) Zum Ersten den Grundsatz der allgemeinen, d.h. zweckfreien, nicht auf berufliche oder schulische Fertigkeiten beruhenden Bildungsidee, deren Inhalte von musisch-kultureller, religiös-ethischer bis zur politischen und gemeinwesenorientierten Bildung reichten, aber dafür keinerlei Anspruch auf Ausbildung, beruflich-erwerbsorientierte Fertigkeiten und zertifizierbares Wissen erhob.

*) Zum Zweiten eine jedem Rationalisierungsdenken widersprechende Vielfalt der Organisationsformen auf lokaler Landes- bzw. diözesaner Ebene:

Die Volksbildungswerke (landesspezifisch auch ohne „Volk" bzw. mit dem Reizwort „Heimat" versehen) manifestierten sich teils als flächendeckende, auf der politischen Gemeinde (und deren Repräsentanten) beruhende Landesverbände, teils als reine Dachkonstruktion kulturell-wissenschaftlich bzw. pädagogisch selbständig tätiger Vereinigungen und Fachverbände, oder als juristisch administrative Gesamtrepräsentation unterschiedlicher selbständiger Bildungseinrichtungen (von den Erwachsenenschulen bis zu den Tiroler Chronisten).

---

4   HR Aldemar Schiffkorn, Bildungswerke wohin? Festrede anlässlich des 20-jährigen Bestehens des Rings Österreichischer Bildungswerke, Eigendruck, Wien 1975

5   Knut Diekmann, Bildungspolitik, in: Werner Weidenfeld/Wolfgang Wessels (Hg.), Jahrbuch der Europäischen Integration, Baden-Baden 2012, 161–162

Die katholischen Bildungswerke, auf der gesicherten Basis der Pfarrgemeinde
beruhend, behielten ihre die bestehenden Bundesländer überschreitenden, teils
mittelalterlichen Diözesangrenzen und brachten damit, entgegen den sonst eifrig
geförderten Landesloyalitäten, andragogisch das Weinviertel zur Bundeshaupt-
stadt, drei Tiroler Bezirkshauptmannschaften und deren örtliche Bildungswerke
nach Salzburg, während das restliche Tirol und Vorarlberg nach dem Ausschei-
den aus dem Bistum Brixen ab 1925 direkt dem Heiligen Stuhl unterstellt waren
und erst seit 1964 bzw. 1968 zwei selbständige Diözesen mit ihren entsprechenden Bildungswerken aufwiesen. Die historische zweisprachige Diözesanstruktur
Kärntens führte hingegen zu einer frühen Entstehung einer eigenen slowenischen
Bildungswerkeinheit.

Demgegenüber konstituierte sich die ARGE Evangelischer Bildungswerke auf
der Basis der schon der Habsburgischen Gegenreformation trotzenden protestantischen Enklaven und Rückzugsorte quer durch Österreich, koordiniert jedoch
durch die schon vom Genius Loci her global ökumenisch orientierte Evangelische
Akademie im Albert-Schweitzer-Haus.

Bei dieser eigensinnigen territorialen Zuordnung der österreichischen Bildungswerke war es fast selbstverständlich, dass auch die kirchlichen und säkularen
Bildungseinrichtungen Südtirols in die Bildungsaktivitäten und Projekte nicht
nur des ehemaligen Mutterlandes, sondern auch des Gesamtverbandes des Rings
stillschweigend einbezogen wurden.

*) Zum Dritten beruhten die Bildungswerke auf dem Prinzip der Ehrenamtlich-
   keit und Freiwilligkeit der das Bildungswerk tragenden MitarbeiterInnen und
   Verantwortlichen, verbunden mit Schwerpunktsetzung auf lokal-regionaler
   Bildungsarbeit, meist in der nicht-großstädtischen Gesellschaft.

Mit diesen Grundideen, heute in Gestalt der europäischen Schlüsselqualifikatio-
nen bzw. basisdemokratischen Community Developments glänzend rehabilitiert,
standen die Bildungswerke bald in Konfrontation mit dem modernen bildungspolitischen Zeitgeist, der schon durch die Umdeutung des ideologisch geladenen
Begriffs der Volksbildung zur westeuropäisch angelsächsischen „Erwachsenenbildung" zum Ausdruck kam und mit den neuen Schlüsselbegriffen der flächendeckenden Bildungsplanung, der räumlichen Konzentration auf bedarfsorientierte
Bildungsangebote garantierende, zentrale Bildungseinrichtungen und der damit
verbundenen Professionalisierung der MitarbeiterInnen im deutlichen Gegensatz
zur traditionellen „Honoratioren"-Struktur und Strategie der Gemeinde, Pfarre
oder der kulturellen und pädagogischen Sondervereinigungen stand.

Auf dieser strukturellen und inhaltlichen Basis entstanden ab den 1950er-
Jahren auf Gemeinde- und Pfarr- bzw. Landes- und Diözesanebene einerseits die

katholischen und evangelischen Bildungswerke, andererseits die (mit Ausnahme von Wien) betont nicht urbanen ländlichen Volksbildungswerke, die sich zu drei gesamtösterreichischen Bundesverbänden zusammenschlossen.

Am 21. April 1955 gründeten der Verband Österreichischer Bildungswerke und die Arbeitsgemeinschaft Katholischer Bildungswerke den Ring Österreichischer Bildungswerke, dem am 3. Oktober 1955 auch die Arbeitsgemeinschaft Evangelischer Bildungswerke beitrat.

4. Die Funktion des Rings Österreichischer Bildungswerke: Wiener Überbau vs. operativer Zweckverband

Das „Ideologieprofil" der Gründerpersönlichkeiten des Rings, deren „Hausmacht" jeweils in der eigenen Diözesan- bzw. Landesorganisation bzw. in dem jeweiligen Teilverband der Bildungswerke beruhte, machte eine besondere Art der – die Eigenständigkeit der Landes- bzw. Diözesanverbände berücksichtigenden – Kooperation auf Bundesebene notwendig.

Das Misstrauen gegen die jeweils höhere Organisationsebene kommt deutlich etwa bei der Bundesleitungssitzung des Verbandes Österreichischer Bildungswerke am 24. Juli 1954 in Gmunden zum Ausdruck, in der ausdrücklich auf die „dienende Aufgabe" des neuen Dachverbandes verwiesen wird.[6]

Diese „Service-Funktion" gilt in verstärktem Maße für den Gesamtverband der Bildungswerke. Der Ring stellte die für die Landes- bzw. Diözesanorganisationen und deren Bundesverbände auch finanziell wichtige Klammer-Konstruktion dar, die für die Partizipation an der seit 1973 gesetzlich fundierten Erwachsenenbildungsförderung des Bundes sowie den zentralen Projektförderungen und der Zusammenarbeit zwischen den großen Eb-Verbänden notwendig war, aber damit keine ideologische oder bildungspolitische Homogenität beanspruchte.

Damit war auch die prekäre Position des Gesamtverbandes des Rings und seines Generalsekretariats definiert, auf Dauer den bildungspolitischen, aber noch mehr finanziellen Ausgleich zwischen den drei Teilverbänden zu gewährleisten, immer in Gefahr, dass die beiden großen Verbände in ihrem historischen gegenseitigen Misstrauen am, bei der Gründung des Rings auf „ewige Zeiten" vereinbarten, Verteilerschlüssel der Bundessubventionen zu rütteln begannen bzw. überhaupt diese Gesamtkonstruktion zugunsten verbandsspezifischer Neuprofilierung zu sprengen versuchten.

---

6   Protokoll über die Gründungssitzung des Dachverbandes der österreichischen Bildungswerke v. 10.2.1954, Verband Österreichischer Bildungswerke, Sekretariatsbesprechung v. 4.9.1961, Historischer Rückblick, 1–4

Integrativ wirkte hier die aus finanzieller Zweckmäßigkeit geschaffene räumliche Konzentration des Generalsekretariats des Rings und der Bundes-Sekretariate der beiden großen Verbände, deren Personal viel zu tun hatte, die immer wiederkehrenden Selbständigkeitsstrategien und sezessionistischen Bestrebungen ihrer eigenen Verbände zu unterlaufen. Dies konnte nur durch die Entwicklung eines gewissen „Corps d´esprit" der doch miteinander arbeitenden hauptamtlichen MitarbeiterInnen geschehen.

Unterstützt wurden sie dabei ab 1960 auch von der im Rahmen des Rings gegründeten „Arbeitsstelle für Grundlagenforschung der Erwachsenenbildung" in Salzburg, die 1962 in „Institut für Erwachsenenbildung" umbenannt wurde. Strategisch klug in den westlichen Bundesländern verankert und damit vom Odium der „Wienlastigkeit" verschont, schlug es sich stets für die Sache des Gesamtverbandes der Bildungswerke. Zusätzlich brachte die wissenschaftliche Tätigkeit des Instituts und seine auch internationale Vernetzung mit europäischen Bildungsinstitutionen etwas frische Luft in die österreichische Erwachsenenbildung, speziell etwa mit der ab 1965 initiierten Umsetzung der Empfehlung des Europarats, Koordinierungsformen der verschiedenen Eb-Einrichtungen zu schaffen.

Integrativ wirkte andererseits auch die Einsicht in den Teilverbänden des Rings und ihren Landesorganisationen, dass nur die Mitgliedschaft im Gesamtverband, der letztlich auf gesamtösterreichischer Ebene als einheitlicher Bildungsakteur im Konzert der anderen Erwachsenenbildungsorganisationen auftrat, sie vor allzu starkem „landesfürstlichen" Zugriff des jeweiligen Landeshauptmanns bzw. Bischofs in ihrer Bildungsautonomie bewahrte und weiters die Chance bot, unter dem neutralen Mantel des Rings eigene programmatische Bildungsziele mit bundesstaatlicher Förderung auf breiter Basis umzusetzen.

5. Der Weg zur gesamtösterreichischen Erwachsenenbildungsvertretung

Eine Besonderheit der österreichischen Erwachsenenbildung stellt zweifellos die 1972 erreichte Konstituierung der „Konferenz der Erwachsenenbildung Österreichs" (KEBÖ) dar. Die Gründe und Wege, die zu diesem Zusammenschluss von vier allgemeinbildenden und drei berufsbildenden Erwachsenenbildungsverbänden führten, können nur lückenhaft aus den Archivbeständen der beteiligten Verbände rekonstruiert werden.

Auf Grund der Aktenlage des Rings lässt sich der Prozess der zunehmenden Institutionalisierung der österreichischen Erwachsenenbildung auf zwei Ebenen nachzeichnen.

5.1 Die Präsidentenkonferenz

Initiiert durch erste Kontaktgespräche des Leiters des Instituts für Erwachsenenbildung des Rings, Prof. Seifert, mit Spitzenvertretern des Verbandes Österreichischer Volkshochschulen über mögliche Kooperationsformen zwischen den Eb-Verbänden erfolgte auf der Ebene der allgemeinbildenden Erwachsenenbildungsverbände eine erste Institutionalisierung der Kooperation in Form der am 25./26. März 1966 im Bildungshaus Rief gegründeten „Präsidentenkonferenz der Verbände der Österreichischen Erwachsenenbildung" (Bildungswerke, Bildungsheime, Büchereiverband, Volkshochschulverband) zur Beratung von für alle vier Verbände relevanten Fragen.[7]

1968 wurde in diesem Rahmen ein „Kontaktkomitee" konstituiert, dem auch die Koordinierung der inhaltlichen Gestaltung der, ab 1969 vom Unterrichtsministerium jährlich abgehaltenen, Tagung „Neue Wege der Zusammenarbeit in der Österreichischen Erwachsenenbildung" im Bundesheim für Erwachsenenbildung in St. Wolfgang übertragen wurde. Zeitgleich wurde eine Arbeitsgruppe „Berufsbildung und Allgemeinbildung" unter Federführung von Prof. Seifert geschaffen, der auch ein prominenter Vertreter der berufsbildenden Erwachsenenbildung angehörte und die bereits 1970 eine Empfehlung zur Gründung einer Arbeitsgemeinschaft der österreichischen Eb-Verbände erarbeitete.[8]

Auf den Tagungen „Neue Wege der Zusammenarbeit in der Österreichischen Erwachsenenbildung" in den Jahren 1969 und 1970 wurden zwar allgemein relevante Themen der Erwachsenenbildung abgehandelt, die TeilnehmerInnen rekrutierten sich jedoch ausschließlich aus den allgemeinbildenden Verbänden.[9]

Die Debatte über eine größere überparteiliche Dachorganisation aller österreichischen Eb-Verbände ging vom Ring Österreichischer Bildungswerke aus – allerdings ausgelöst durch ein Schreiben von Bundeskanzler Kreisky an den Präsidenten des Rings, Landeshauptmann Gleißner. In diesem bedauerte der Bundeskanzler das lange Zustimmungsverfahren, das zur Nominierung eines Vertreters der Volksbildung im Aufsichtsrat des ORF (konkret in der Person des Ringfunktionärs Ulrich Trinks) notwendig war, sah aber in der bereits geplanten Bildung

---

7   Protokoll des Gesprächs am 25./26.3.1966 im Haus Rief/Salzburg, 1–3

8   Hans Altenhuber, Vorgeschichte, Gründung und Anfänge der KEBÖ, in: Angela Bergauer/Wilhelm Filla/Herwig Schmidbauer (Hg.), Kooperation & Konkurrenz. 30 Jahre Konferenz der Erwachsenenbildung Österreichs, Wien 2002, 13–15

9   Programm des Seminars „Neue Wege der Zusammenarbeit in der Österreichischen Erwachsenenbildung" v. 12.-15.5.1969 sowie des Seminars II v. 21.-25.6.1970 im Bundesheim für Erwachsenenbildung in St. Wolfgang

einer überparteilichen Dachorganisation aller „Volksbildungseinrichtungen" einen Weg, solche Verzögerungen in Zukunft zu vermeiden. Der Präsident des Rings
drängte daraufhin, die Agenda einer Dachorganisation aller Eb-Verbände auf die
Tagesordnung des Rings bzw. der Präsidentenkonferenz zu setzen.[10]

5.2 Die Hungerburg-Konferenzen

Einen zweiten, zunächst wesentlich dynamischeren Ansatz zu einer gesamtösterreichischen Eb-Vertretung stellten die vom Berufsförderungsinstitut (BFI) initiierten „Hungerburg-Konferenzen" in Innsbruck dar, auf denen gezielt Agenden
und Probleme der allgemeinbildenden wie der berufsbildenden Erwachsenenbildung und damit auch Formen einer verstärkten Kooperation behandelt wurden.
Bereits auf der ersten Tagung 1968 wurde von den beteiligten Eb-Verbänden (BFI,
WIFI, Verband Österreichischer Volkshochschulen, Ring Österreichischer Bildungswerke, Österreichische Gesellschaft für das Privatschulwesen) ein Ausschuss
konstituiert, der die weiteren Tagungen inhaltlich vorbereiten sollte.[11]

   In der Folge kam es zu einem, die Grundstimmung der Eb-Verbände gut
beleuchtenden, Konflikt, indem das BFI im März 1971 zu einer Tagung der
„Arbeitsgemeinschaft der Institutionen und Verbände der österreichischen
Erwachsenenbildung" vom 11. bis 16. Juli 1971 in Innsbruck, zugleich jedoch
als vom Bundesminister für Unterricht und Kunst, Leopold Gratz, beauftragter
Erstproponent zur Konstituierung eben dieser Arbeitsgemeinschaft im Mai 1971
einlud. Auf dieser Tagung sollten die vom Bundesminister persönlich eingela-
denen Spitzenvertreter von 13 Eb-Verbänden sowie des ORF und des Bundesministeriums für Landesverteidigung im Sinne der bereits bei der Enquete des
Unterrichtsministeriums am 10. Dezember 1969 über „Erwachsenenbildung als
Teil der Bildungsreform" formulierten Ziele die Konstituierung einer breiten Kooperationsform der Erwachsenenbildung beschließen.[12]

   Der formale Fehler führte neben der Absage der geplanten Tagungen sofort
zur fast reflexhaften Beschwörung eines „Diktats von oben"[13] und konnte nur

---

10 Brief des Bundeskanzlers an den Präsidenten des Rings Österreichischer Bildungswer-
    ke v. 27.11.1970 sowie kommentierte Übermittlung des Briefes seitens des Büros des
    Landeshauptmanns von Oberösterreich an die Vertreter der Ringverbände bzw. Abg.
    z. NR. Dr. Gruber v. 3.12.1970
11 Auszug aus dem Protokoll der BFI-Tagung VII/1968, S VII
12 Berufsförderungsinstitut: Erste Einladung und Bitte um Terminnotiz 11. bis 16. Juli,
    Innsbruck v. 31.3.1971, 1–2
13 Nachschrift des Schreibens des Präsidenten der Bundeskammer für gewerbliche Wirt-
    schaft, Komm. Rat Ing. Rudolf Sallinger an Landeshauptmann Gleißner v. 7.4.1971

durch vielseitige persönliche Vermittlung der Spitzenfunktionäre zwischen den Verbänden (BFI – Ring), dem Bundesminister für Unterricht und Kunst und einzelnen Vertretern der Verbände und selbst auf politischer Ebene (Ringpräsident – Wirtschaftskammerpräsident – Bundesminister) bereinigt werden. Dabei kam sicherlich die eingangs in den Einzelbiographien verdeutlichte lagerübergreifende „Chemie" zwischen den führenden Protagonisten der Eb-Verbände zum Tragen, die eine intra- und interfraktionelle Kommunikation ermöglichte.[14]

5.3 Die Schaffung der Konferenz der Erwachsenenbildung Österreichs – KEBÖ

Die Folge dieses formalen (oder taktischen) Fehlers im Rahmen der Hungerburg-Konferenzen war eine Verlagerung der Institutionalisierungsdebatte und damit letztlich der Entscheidungsebene auf die Präsidentenkonferenz.

Bereits auf der Sitzung des Kontaktkomitees der Präsidentenkonferenz am 23. März 1971 sprachen sich nach vorausgegangener brieflicher Kommunikation zwischen den Präsidenten der vier Verbände diese grundsätzlich für die Schaffung eines sehr lockeren gemeinsamen Gremiums der Erwachsenenbildungsverbände (kein eigenes Statut, Einstimmigkeitsprinzip, rotierender Vorsitz) aus, dessen Konstituierung bereits für Juni als möglich erachtet wurde.[15]

Die bereits zitierte Initiative des BFI verzögerte diese Absicht und leitete einerseits eine vorhin schon dargelegte Beruhigungs- und Konsultationsphase ein, zum anderen wurde die Debatte um ein gesamtösterreichisches Eb-Gremium jedoch innerhalb der Präsidentenkonferenz intensiv weitergeführt. Die Dynamik in diesem Prozess ging weiterhin vom Ring Österreichischer Bildungswerke aus, der, nachdem Landeshauptmann Gleißner, entgegen früherer Absicht, weiterhin als Präsident des Rings und der Präsidentenkonferenz fungierte[16], auf den verschiedensten Ebenen aktiv wurde.

*) Im Rahmen des Kontaktkomitees wurde bereits am 29. April 1971 die Abhaltung einer Tagung des erweiterten Kontaktkomitees am 18. Juni im Anschluss an die Tagung „Zusammenarbeit mit dem Medienverbund" vom 14. bis 17. Juni 1971 im Bundesheim für Erwachsenenbildung in St. Wolfgang beschlossen, zu der auch Unterrichtsminister Gratz eingeladen werden sollte.

---

14 Brief von Dr. Wenisch an Dr. Fellinger v. 5.4.1971, Antwortschreiben von Dr. Fellinger an Dr. Wenisch v. 6.4.1971, Brief des Bundesministers für Unterricht und Kunst an Dr. Wenisch v. 27.4.1971
15 Protokoll der Sitzung des Kontaktkomitees v. 23.3.1971, 4
16 Brief von Dr. Wenisch an Landeshauptmann Gleißner v. 26.4.1971

Schwerpunkt der Tagung sollte die verstärkte Kooperation zwischen den allgemeinbildenden und den berufsbildenden Eb-Einrichtungen sowie dem Unterrichtsministerium sein.[17]

*) Fast zeitgleich dazu wurden vom Institut für Erwachsenenbildung in Salzburg im Juli 1971 Programmvorschläge des Rings für die vom BMUK vom 18. bis 20. Oktober 1971 einberufene dritte Tagung „Neue Wege der Zusammenarbeit in der Österreichischen Erwachsenenbildung" erarbeitet, diesmal mit eindeutigem Schwerpunkt auf der zukünftigen Kooperation zwischen den allgemeinbildenden und berufsbildenden Eb-Einrichtungen Österreichs.[18]

Auf der erweiterten Präsidentenkonferenz der allgemeinbildenden Verbände am 18. Juni 1971 im Bundesheim für Erwachsenenbildung in St. Wolfgang wurden in Anwesenheit des den Bundesminister vertretenden Sektionsrats Dr. Altenhuber hingegen ausschließlich Möglichkeiten einer verstärkten, aber unstrukturierten Kooperation zwischen den vier Verbänden in Form einer freien Arbeitsgemeinschaft thematisiert. Konkrete Vorschläge für die bei der Tagung „Neue Wege III" zu behandelnde Kooperation mit den berufsbildenden Verbänden hingegen wurden an das Kontaktkomitee übertragen, wie aus dem Protokoll der Sitzung der Präsidentenkonferenz vom 8. Oktober 1971 hervorgeht, in der die Themen für die oben zitierte Tagung festgelegt wurden.[19]

Die bereits am 2. September 1971 an die Präsidenten und Vorsitzenden der einzelnen Eb-Verbände übermittelte persönliche Einladung von Bundesminister Gratz,[20] mit ihm im Rahmen des Seminars im Oktober auch über die Schaffung eines gemeinsamen Gremiums der österreichischen Eb-Verbände zu diskutieren, kam offensichtlich zu früh, wie aus den Ergebnissen der Präsidentenkonferenz am 8. Oktober 1971 ziemlich klar hervorgeht. Bei dieser kam es nämlich noch zu grundsätzlichen Debatten über die Sinnhaftigkeit eines gesamtösterreichischen Eb-Forums. Als Hauptargumente gegen eine Institutionalisierung wurden einerseits das finanzielle und personelle Übergewicht der berufsbildenden Eb-Organisationen, das unterschiedliche Bildungsverständnis zwischen allgemeinen und berufsbildenden Eb-Verbänden sowie (vom Vertreter der Volkshochschulen, Prof. Speiser, vorgebracht) das Desinteresse internationaler Bildungseinrichtungen wie

---

17 Protokoll der Sitzung des Kontaktkomitees v. 29.4.1971, 1–3

18 Protokoll der Sitzung der Geschäftsführung des Rings vom 13.7.1971, P 1c

19 Zusammenfassendes Protokoll der erweiterten Präsidentenkonferenz der Verbände der österreichischen Erwachsenenbildung am 18.6.1971 im Bundesheim für Erwachsenenbildung in St. Wolfgang, 1–4

20 Schreiben des BM für Unterricht und Kunst, Leopold Gratz, an Landeshauptmann Gleißner v. 2.9.1971

der (rein zwischenstaatlich verhandelnden) UNESCO an einer Gesamtrepräsentanz der österreichischen Erwachsenenbildung angeführt.[21]

Folgerichtig richtete die Präsidentenkonferenz an den neuen Leiter der Abteilung für Erwachsenenbildung im Bundesministerium für Unterricht und Kunst, Min.Rat Dr. Altenhuber, ein Schreiben des Inhalts, dass von der Tagung im Oktober keine abschließenden Ergebnisse erwarten werden könnten, trotz des allgemeinen Willens zur verstärkten Kooperation eine Institutionalisierung „aus funktionellen und materiellen Gründen für unzweckmäßig" erachtet und im Rahmen des Programms ein zusätzliches Referat über die Anliegen der allgemeinbildenden Eb-Verbände eingefordert wurde.[22]

Diese resistente Haltung der allgemeinbildenden Verbände steigerte sich noch bei der nachfolgenden Sitzung des Kontaktkomitees am 10. Oktober 1971, bei der offen, von Seiten etwa des Büchereiverbandes, Befürchtungen vor der „Überwältigung der ‚Volksbildung' durch sozioökonomische Prinzipien"[23] gewarnt wurde.

Trotzdem bereitete das Kontaktkomitee die schon zitierte dritte Tagung der „Neuen Wege" (18. bis 20. Oktober 1971) auf der Basis eines vom Institut für Erwachsenenbildung in Salzburg entworfenen Themenvorschlages vor.[24]

Auf dieser Tagung wurde in Anwesenheit des Leiters der Abteilung für Erwachsenenbildung des Bundesministeriums für Unterricht und Kunst mit den Spitzenvertretern aller Eb-Verbände in zwei Arbeitsgruppen über die Ziele, die Teilnehmer und den Status einer gesamtösterreichischen Kooperationsform verhandelt und abschließend bereits zwei Arbeitsgruppen für eine gemeinsame MitarbeiterInnenausbildung sowie eine gemeinsame Werbekampagne konstituiert sowie ein Vertretungsteam für die geplanten Verhandlungen mit dem ORF eingesetzt.

Auf der Basis dieser Ergebnisse beschloss die Präsidentenkonferenz vom 2. Dezember 1971 ein Gipfelgespräch der Präsidenten der vier Verbände mit Bundesminister Sinowatz vorzuschlagen, das am 20. Dezember 1971 im Parlament stattfand und in dessen Verlauf einerseits das geplante Erwachsenenbildungs-

21 Protokoll der Präsidentenkonferenz der Verbände österreichischer Erwachsenenbildung v. 29.10.1971
22 Protokoll der Sitzung der Präsidentenkonferenz der Verbände österreichischer Erwachsenenbildung v. 8.10.1971, 1–2
23 Protokoll des Kontaktkomitees v. 10.10.1971
24 Institut für Erwachsenenbildung Salzburg, Unterlage an den Ring Österreichischer Bildungswerke v. 14.8.1971

Förderungsgesetz, andererseits die mögliche Kooperationsform mit den berufsbildenden Verbänden thematisiert wurden.[25]

Innerhalb der Ringverbände wurde bereits bei einer internen Besprechung
Übereinstimmung darüber erzielt, dass einer Kooperation der Eb-Verbände Österreichs etwa unter dem Titel eines „Forums der Österreichischen Erwachsenenbildung" zuzustimmen sei.[26]

Auf der 4. Tagung der „Neuen Wege" vom 23. bis 26. Mai 1972 im Bundesheim für Erwachsenenbildung in St. Wolfgang wurden schließlich unter dem
Tagungsordnungspunkt „Fragen der weiteren Zusammenarbeit" die „Konferenz
der Erwachsenenbildung Österreichs" (KEBÖ) gegründet, die bereits bestehenden
Arbeitsgruppen für einen Fernkurs zur gemeinsamen MitarbeiterInnenausbildung sowie für Terminologie bestätigt, zusätzlich eine neue Arbeitsgruppe für eine
gemeinsame MitarbeiterInnenausbildung geschaffen und über die Einsetzung
einer speziellen Arbeitsgruppe „Politische Bildung" unter dem Aspekt eines von
Bundesminister Sinowatz geplanten „Instituts für Politische Bildung" diskutiert.[27]

Auf der 5. Tagung „Neue Wege" vom 23. bis 25. Mai 1973 im Bundesheim für
Erwachsenenbildung in St. Wolfgang trat die KEBÖ erstmals in ihrer Funktion
als gesamtösterreichische Vertretung in Erscheinung.[28]

Neben der neu geschaffenen gesamtösterreichischen Vertretung der Eb-
Verbände blieb die Präsidentenkonferenz der allgemeinbildenden Eb-Verbände
weiterhin aktiv, wie etwa die Sitzung am 8. Mai 1974, bei der eine gemeinsame
Position gegenüber der geplanten „Gesellschaft für Politische Bildung" debattiert
wurde, oder die Vorsprache der Präsidentenkonferenz bei den Ministern Sinowatz
und Androsch im Parlament am 26. Juni 1974 belegen.[29]

---

25 Protokoll der Sitzung der Präsidentenkonferenz der Verbände österreichischer Erwachsenenbildung am 2.12.1971, 1, Aktennotiz über die Vorsprache der Präsidentenkonferenz bei Bundesminister Dr. Sinowatz, undatiert, 1–2

26 Aktennotiz des Rings Österreichischer Bildungswerke: Besprechung aktueller Fragen
am 10.2.1972, 1–2

27 Programmvorschlag für das Seminar „Neue Wege der Zusammenarbeit IV"
23.–26.5.1972 im Bundesheim für Erwachsenenbildung St. Wolfgang, 2–3, Bericht des
Generalsekretärs bei der Sitzung der Bundesleitung am 18.10.1972, 1–4

28 Programmvorschlag des BMUK für das Seminar „Neue Wege der Zusammenarbeit V"
23.-25.5.1973, 1–2, Protokoll der Sitzung der Bundesleitung des Rings Österreichischer
Bildungswerke v. 18.10.1972, 1–4

29 Ergebnisprotokoll der Sitzung der Präsidentenkonferenz der Verbände der österreichischen Erwachsenenbildung v. 8.5.1974, 1–3, Aktennotiz des Rings Österreichischer
Bildungswerke v. 27.6.1974, 1–2

6. Die Tätigkeit des Rings Österreichischer Bildungswerke im Rahmen der KEBÖ

Die Gründe, die die Eb-Verbände Österreichs bzw. konkret den Ring Österreichischer Bildungswerke dazu veranlassten, nach einer relativ kurzen, aber intensiven und kontroversen Diskussionsphase die KEBÖ als gesamtösterreichische Eb-Vertretungseinrichtung zu konstituieren, liegen auf verschiedenen Motivationsebenen:

Zum einen war es erklärte Absicht der damaligen aktiven Unterrichtsminister Leopold Gratz und insbesondere Fred Sinowatz, die Erwachsenenbildung nicht nur durch ein spezielles Förderungsgesetz, sondern auch durch die Schaffung gemeinsamer zentraler Vertretungsstrukturen zu animieren, den von ihnen eingeschlagenen Bildungsreformkurs mitzumachen.

Für die drei potenten berufsbezogenen Eb-Einrichtungen war neben ihrer sozialpartnerschaftlichen Praxis der Kooperation auf Bundesebene doch auch das Interesse bestimmend, ihre spezifischen Bildungsangebote einzubringen und an den verschiedenen großen Bildungsprojekten und deren Förderungsmitteln zu partizipieren, was andererseits die Polemik allgemeinbildender Protagonisten gegen die Institutionalisierung als bloßes Mittel „um zu Geld zu kommen" beflügelte.[30]

Für die allgemeinbildenden „armen" Verbände war umgekehrt die Aussicht verlockend, auf „Augenhöhe" mit den berufsbildenden Erwachsenenbildungseinrichtungen aufzutreten bzw. im Sinne des Rotationsprinzips des Vorsitzes der KEBÖ die neue Gesamtinstitution auch zeitweise zu präsidieren.

Andererseits war natürlich auch Widerstand gegen diese „Zentralisierung" und damit Formalisierung der Beziehungen zum Unterrichtsministerium bzw. der Abteilung für Erwachsenenbildung zu erwarten, da damit mancher seit langem praktizierte „Sonderweg" zu Beamten und Förderungsmitteln in Wien versanden musste.

Dabei ging die Bereitschaft zu größeren Strukturen eher von Westösterreich aus, während der Widerstand gegen die Neuerungen sich in den Funktionärsetagen der Einzelverbände bzw. auch selbst innerhalb der Regierungspartei in Wien artikulierte.

Auch im Ring standen manche Föderalisten, die bei jeder Form von gesetzlicher oder institutioneller Gefährdung der Freiheit der Erwachsenenbildung sogar die Österreichische Bischofskonferenz mobilisieren wollten, gegen die eine „starr

---

30 Aktennotiz über die Besprechung aktueller Fragen im Ringsekretariat v. 10.2.1972

ablehnende Haltung" vermeidende, pragmatische Politik amtierender Landeshauptleute und ihrer Spitzenbeamten. Diese gingen wohl auch von der Einsicht
aus, dass die Alleinregierung Kreisky keine kurzlebige Phase in der Geschichte
der Zweiten Republik darstellen würde und es daher opportun wäre, in einem
österreichischen Gesamtforum der Erwachsenenbildung präsent zu sein.[31]

Für die Ring-Präsidentschaft und das Generalsekretariat des Rings bot der
Prozess der Konstituierung der KEBÖ und deren zentrale Aufgaben einerseits eine
willkommene Gelegenheit, sich im Sinne der von den Teil- und Landesverbänden
geforderten „Service-Funktion" zu profilieren.

Trotz seiner geringen Personalressourcen trat der Ring auf Bundesebene als
gleichberechtigter Akteur im Rahmen der anderen Eb-Verbände auf und genoss
dabei auch eine gewisse Sonderstellung, indem er im bildungspolitischen Diskurs
oft Positionen vertrat, die die Vertreter anderer Verbände zwar auch teilten, aber
auf Grund ihrer sozialpartnerschaftlichen Einbindung in das System der Zweiten
Republik so nicht ausdrücken konnten.

Dies galt speziell in der Auseinandersetzung um das vom BMUK forcierte
Erwachsenenbildungs-Kompetenzgesetz zwischen Bund und Ländern, vor dem
der Ring schon im Sinne seiner Freiheitsmaxime stets warnte und auf den guten
alten Status der „paktierten Gesetzgebung" verwies (wohl wissend, dass dieses
komplizierte Regelwerk in der Praxis nie funktionieren würde).

Andererseits schaffte der Ring den Spagat, sich sehr aktiv an den verschiedensten vom Unterrichtsministerium angesetzten und geförderten Bildungs-
aktionen im Rahmen der KEBÖ zu beteiligen, wie etwa die Federführung im
KEBÖ-Grundlehrgang, die Leitung des Terminologieausschusses oder die öffent-
lichkeitswirksame Umsetzung von Medienverbundprogrammen verdeutlichten.

Eine der sensiblen Vermittlungsaufgaben des Rings nach der Gründung der
KEBÖ bestand sicher darin, den anderen Eb-Verbänden bzw. der Öffentlichkeit
die „Trinität" katholischer Erwachsenenbildung zu erklären, die darin bestand,
dass einerseits katholische Eb-Einrichtungen jeweils als Teilverbände innerhalb
mehrerer gesamtösterreichischer Eb-Organisationen (wie Bildungswerke, Büchereiverband, Bildungsheime) in der KEBÖ vertreten waren, andererseits eine
gesamtösterreichische Arbeitsgemeinschaft aller dieser katholischen Bildungseinrichtungen (BAKEB) gründeten und zusätzlich auf der Ebene der KEBÖ die Mitgliedschaft einer dritten Verbandsform aller sonstigen, nicht bereits integrierten
katholischen Bildungseinrichtungen (IKEB) verlangten.

---

31 Aktennotiz a.a.O.

Die gut österreichische, vom Ring mit verhandelte, Lösung war schließlich eine Parallelaktion durch die Gründung eines zusätzlichen Bildungsträgers des anderen politischen Lagers (Verband Österreichischer Bildungs- und Schulungshäuser des ÖGB), um die Parität der KEBÖ zu wahren.

Das hier skizzierte Panorama der Gründungszeit endet bewusst mit der Darstellung der Schaffung der gesamtösterreichischen Dachorganisation KEBÖ, mit der eine neue Phase der österreichischen Erwachsenenbildung begann, in der bereits eine neue Generation von Eb-FunktionärInnen und MitarbeiterInnen nachrückte, denen die Vorgeschichte ihrer Verbände und ihrer österreichischen Gesamtkonstruktion nur mehr als historische Last erscheinen mochte.

Aus der heutigen Sicht erschien es daher angebracht, diese Periode ohne falsche Romantisierung als integralen Teil der Bildungs- und damit politischen Geschichte der Zweiten Republik darzustellen.

Angela Bergauer

Rolle der Konferenz der Erwachsenenbildung Österreichs (KEBÖ) in der Weiterbildungslandschaft

Dieses Kapitel beruht im Wesentlichen auf der Rede der KEBÖ-Vorsitzenden Angela Bergauer, gehalten beim 40-jährigen Bestands-Jubiläum der KEBÖ am 1. Oktober 2012 im Bundesinstitut für Erwachsenenbildung.

Rückblick auf 40 Jahre KEBÖ

Dies ist kein chronologischer Rückblick und stellt keinen Anspruch auf Vollständigkeit.

Es sollen Entwicklungen im KEBÖ-Selbstbild aufgezeigt, die Kontinuität der wesentlichen bildungspolitischen Anliegen und Forderungen deutlich gemacht und deren Verwirklichungsstand anhand der derzeitigen Situation der Erwachsenenbildung reflektiert werden.

Entstehung der Dachverbände der Erwachsenenbildung

In den 1950er-Jahren kamen in die österreichische Erwachsenenbildungslandschaft neue Akzente durch den Zusammenschluss verschiedener Einrichtungen der Erwachsenenbildung zu gesamtösterreichischen Verbänden. Die Büchereien waren schon 1948 mit der Gründung des Verbandes der Volksbüchereien vorangegangen, es folgten die Volkshochschulen, die 1950 den Verband Österreichischer Volkshochschulen gründeten, weiters die Bildungsheime 1954 mit der Einrichtung der Arbeitsgemeinschaft der Bildungsheime und schließlich 1955 die Bildungswerke, die sich im Ring Österreichischer Bildungswerke zusammenschlossen. Im Bereich der beruflichen Erwachsenenbildung kam es 1959 zur Gründung des Berufsförderungsinstituts.

Gegen Ende der 1960er-Jahre mehrten sich die Stimmen, die eine über die einzelnen Dachverbände hinausgehende Vertretung der österreichischen Erwachsenenbildung forderten.

Aufbruchsstimmung

Die Vorbereitungen zur KEBÖ-Gründung waren geprägt von einer gesellschaftlichen Aufbruchsstimmung, die auch den Bildungsbereich erfasste.

In der Regierungserklärung Bruno Kreiskys vom 5. November 1971 fand der Ruf der Bildungsfachleute und internationalen Institutionen nach ständiger Weiterbildung seinen Niederschlag. Der permanenten Weiterbildung und insbesondere der Erwachsenenbildung als Hilfe zur persönlichen Lebensgestaltung und beruflichen Mobilität wurde große Bedeutung zugemessen.

Fred Sinowatz übernahm die Leitung des Unterrichtsressorts und zeigte Herz und Interesse für die Erwachsenenbildung.

Schwieriges Zueinander-Finden

Die Abteilung Erwachsenenbildung im Bundesministerium für Unterricht versuchte bereits seit Ende der 1960er-Jahre eine stärkere Integration der Erwachsenenbildung in das Bildungswesen sowie eine intensivere Kooperation der Bundesverbände herbeizuführen und veranstaltete 1969 eine Enquete mit dem Titel „Erwachsenenbildung als Teil der Bildungsreform". Die Gespräche der führenden ErwachsenenbildnerInnen Österreichs waren schwierig, wurden aber in den folgenden Jahren fortgesetzt.

Gerade weil wir heute eine kompakte, kooperative und von gemeinsamen Interessen getragene KEBÖ sehen, ist es wichtig darauf zu verweisen, dass im Vorfeld der KEBÖ-Gründung viele Vorurteile abgebaut und unterschiedliche weltanschauliche und ideologische Positionen diskutiert werden mussten.

Dazu kam noch die Befürchtung der freien Verbände vor der unziemlichen Einmischung des Staates, Befürchtungen einer Einschränkung der Freiheit der Erwachsenenbildung.

Die Aufbruchsstimmung hat gesiegt

Im Mai 1972 gründeten auf Einladung der Abteilung Erwachsenenbildung die sieben großen Verbände der Erwachsenenbildung

- die Arbeitsgemeinschaft der Bildungsheime
- das Berufsförderungsinstitut
- das Ländliche Fortbildungsinstitut
- der Ring Österreichischer Bildungswerke
- der Verband Österreichischer Volkshochschulen
- der Verband Österreichischer Volksbüchereien
- das Wirtschaftsförderungsinstitut

im Bundesheim für Erwachsenenbildung in St. Wolfgang die Konferenz der Erwachsenenbildung Österreichs.

Erwähnenswert erscheint, dass der Verband Österreichischer Volksbüchereien zu den Gründungsmitgliedern zählt: In einer europaweit wohl einzigartigen Konstellation wurde in der österreichischen Erwachsenenbildungs-Landschaft die Bedeutung der Bücherei als Lernort schon früh erkannt, in anderen Ländern Europas wird dies erst Jahre später im Zuge der Diskussionen zum lebensbegleitenden Lernen wahrgenommen werden.

In der im Juni 1973 verfassten *Grundsatzerklärung* werden Aufgaben und Ziele festgeschrieben, die Zeit der Kooperation, aber auch der Konkurrenz beginnt.

Der letzte Satz der Grundsatzerklärung spricht dies deutlich an: „Der berechtigte Pluralismus der verschiedenen Einrichtungen im Hinblick auf ihre Zielstrebungen, Methoden und organisatorischen Strukturen wird von den beteiligten Verbänden voll anerkannt. Die KEBÖ kann nicht die Funktion der einzelnen Verbände ersetzen." Doch drückt dieser Satz aus der Grundsatzerklärung der Gründungsphase nicht auch die bis heute gültige Tatsache aus, dass nur die Summe profilierter Bundesverbände eine starke KEBÖ ergibt?

Die Rechtsform der KEBÖ ist seit Gründung eine freie Arbeitsgemeinschaft. Einzelne Verbände übernehmen im Rotationsprinzip für bestimmte Zeit die Vorsitzführung und repräsentieren die KEBÖ nach außen. Dies ist eine kostensparende und flexible Struktur. In der Anfangsphase hat man damit auch eventuelle Hierarchieprobleme außen vor gelassen.

Natürlich hat diese Arbeitsweise auch Schwächen und im Laufe der 40 Jahre gab es immer wieder Überlegungen zu einer Vereinsgründung – zu der es aber nicht gekommen ist.

Sollte eine verstärkte Institutionalisierung in Zukunft notwendig erscheinen, wird sich die KEBÖ dieser sicher nicht verschließen.

Die KEBÖ geht ans Werk

„Erwachsenenbildung im Aufholen", das war der Titel des Referats von Bundesminister Fred Sinowatz im Rahmen der ersten KEBÖ-Jahrestagung im Mai 1973.

Wichtig für das Tempo beim Aufholen war auch, dass im Budget 1972 eine Verdoppelung der Mittel für die Erwachsenenbildung gelang (46,6 Mio. öS), damit konnten die Basissubventionen für die Verbände erhöht werden und Mittel für die Durchführung gemeinsamer KEBÖ-Projekte zur Verfügung gestellt werden.

Bildungspolitischer Rückenwind war auch das am 21. März 1973 von allen im Nationalrat vertretenen Parteien beschlossene Bundesgesetz über die Förderung der Erwachsenenbildung und des Volksbüchereiwesens. Mit diesem Gesetz verpflichtet sich der Staat, die Erwachsenenbildung zu fördern. Wenn auch kein Ausmaß der Förderung festgelegt ist, so zeugt dieses Gesetz doch von der Verantwortung der öffentlichen Hand für die Erwachsenenbildung als immer wichtiger werdenden Teil des Bildungswesens.

Selbstbild/Definition, Ziele/Aufgabenstellung – Verhältnis zum Bildungsministerium

Im Folgenden soll zum einen ein kurzer Überblick über die Entwicklungen und Veränderungen in Selbstbild/Definition, Ziele/Aufgabenstellung der KEBÖ sowie zum anderen über die Entwicklungen im Verhältnis zum Bildungsministerium gegeben werden.

Selbstbild/Definition

In der *Grundsatzerklärung 1973* definiert sich die KEBÖ als „unabhängiges Forum der Begegnung und Zusammenarbeit der österreichischen Erwachsenenbildungs-Institutionen, das bei aller Wahrung der Selbständigkeit der einzelnen Institutionen gemeinsame Anliegen und Projekte bearbeitet und gemeinsame Interessen nach außen vertritt. ... Besonderer Wert soll auf das Verhältnis zwischen allgemeiner und beruflicher Bildung gelegt werden."

In der neu verfassten *Grundsatzerklärung 1994* findet sich keine explizite Betonung der Eigenständigkeit der Verbände, keine Hervorhebung der allgemeinen und beruflichen Erwachsenenbildung, es heißt: „Die Konferenz der Erwachsenenbildung Österreichs ist die Arbeitsgemeinschaft jener bundesweit agierenden Institutionen der Erwachsenenbildung, die im Erwachsenenbildungs-Förderungsgesetz festgelegt sind."

Ziele/Aufgabenstellung

In der *Grundsatzerklärung 1973* wurden folgende Ziele und Aufgaben festgehalten:

„Beratung des Bundesministeriums für Unterricht und Kunst, Planung und Durchführung von Projekten, die im Interesse der gesamten Eb wichtig erscheinen und über die Möglichkeiten der einzelnen Verbände hinausgehen.

Absprachen über Schwerpunktbildungen der einzelnen Einrichtungen im Sinne eines kooperativen Systems."

In der *Grundsatzerklärung 1994* wird neben den bereits festgelegten Aufgaben noch „die Forcierung der Grundlagenforschung zur österreichischen Erwachsenenbildung" angeführt.

Verhältnis zum Bildungsministerium

Weiters wird die Rolle gegenüber dem Bildungsministerium anders definiert: Von der „Beratung des Ministeriums" *(Grundsatzerklärung 1973)* hin zu einer Partnerschaft: „Die KEBÖ soll als Partner öffentlicher Stellen, insbesondere des Bundesministeriums für Unterricht und Kunst, kooperative Projekte zur Erwachsenenbildung anregen und an der Koordination und Durchführung solcher Projekte mitwirken." *(Grundsatzerklärung 1994)*

Damit etablierte sich der heute von KEBÖ und Ministerium verwendete Begriff „KEBÖ als Partnerin des BMUKK bei der Umsetzung von bildungspolitischen Schwerpunkten".

Die bei KEBÖ-Gründung bestehende Angst der Verbände vor dem Verlust der Freiheit durch starken staatlichen Zugriff trat in den Hintergrund – auch wenn er immer wieder mal auftaucht!

Anlässlich des 30-jährigen Bestehens der KEBÖ 2002 beschreibt das Bildungsministerium das Verhältnis zur KEBÖ folgendermaßen:

„Den Verbänden der KEBÖ kommt als Marktführer im Bereich der Erwachsenenbildung eine Schlüsselrolle zu. Im Gegensatz zu den sonstigen Bildungsbereichen, wo der Staat hoheitliche Aufgaben ausübt, somit auch mit Ordnungs- und Zwangsgewalt auftreten kann, um seine Aufgaben und Interessen durchzusetzen, ist die Zusammenarbeit zwischen dem Bildungsministerium und der KEBÖ von Kooperation, Motivation, gegenseitiger Wertschätzung und gemeinsamen Zielsetzungen geprägt." (Sektionschef Heinz Gruber in: *„Kooperation und Konkurrenz – 30 Jahre KEBÖ"*)

In ihrer Rede bei der Festveranstaltung 40 Jahre KEBÖ / 5 Jahre Weiterbildungsakademie am 1. Oktober 2012 formuliert Bundesministerin Schmied:

„Die KEBÖ ist ein Musterbeispiel für Kooperation. Sie besteht aus zehn Mitgliedseinrichtungen. Die Kursleiterinnen und Kursleiter, auch die vielen ehrenamtlichen Mitarbeiterinnen und Mitarbeiter sowie die hauptberuflich Beschäftigten leisten hervorragende Arbeit. Vielfalt ist die Stärke der KEBÖ und damit eine Stärke der österreichischen Erwachsenenbildung. Unsere plurale Gesellschaft benötigt vielfältige Bildungsangebote, und Sie, meine sehr geehrten Damen und Herren, decken diese Vielfalt erfolgreich ab und schaffen freie Zugänge zum lebensbegleitenden Lernen. Es geht um niederschwellige Angebote für bildungsbenachteiligte Personen, das Nachholen von Bildungsabschlüssen und die Ermöglichung des Hochschulzugangs durch die Berufsreifeprüfung, allgemeinbildende Angebote im Bereich Persönlichkeitsbildung, politische Bildung und Sprachen, berufliche Qualifizierung und auch Beratung und Weiterbildung im gewerkschaftlichen Bereich. Die KEBÖ ist damit eine zentrale Partnerin des Bundesministeriums für

Unterricht, Kunst und Kultur bei bildungspolitischen Vorhaben. Unsere strategische Partnerschaft wird auch in unseren Leistungsvereinbarungen deutlich."

An dieser Stelle sei auch auf die wichtige Funktion der Abteilung „Erwachsenenbildung" im Ministerium hingewiesen:

Kompetente und engagierte MitarbeiterInnen sowie die Tatsache, dass diese Fachabteilung über einen eigens ausgewiesenen Budgetbereich verfügt, bedeuten – bei allen wechselnden Ressort- und Sektionszugehörigkeiten – Kontinuität und eine gewisse Eigenständigkeit.

Beitrag der KEBÖ zur bildungspolitischen Diskussion

Im Folgenden werden die bildungspolitischen Anliegen, Forderungen und Diskussionsbeiträge der KEBÖ in ihrer Kontinuität – man kann auch sagen Beharrlichkeit – aufgezeigt und die Erfüllung der Zielvorstellungen anhand der derzeitigen Situation der Erwachsenenbildung überprüft.

Welche Themen/Forderungen waren es, die von der KEBÖ im Laufe der vier Jahrzehnte eingebracht wurden? Gelang deren schrittweise Umsetzung? Wenn ja, in welcher Form? Wo braucht es noch Weiterentwicklungen?

Eine wesentliche Frage war immer **der Stellenwert der Erwachsenenbildung im österreichischen Bildungssystem.**

Ausgehend von der Aufbruchsstimmung und starken Betonung der Bedeutung der Weiterbildung Anfang der 1970er-Jahre wurde von einer verstärkten öffentlichen und politischen Wahrnehmung und entsprechenden Maßnahmen zur Weiterentwicklung dieses Bildungssektors ausgegangen.

Bereits in der *Grundsatzerklärung 1973* hält die KEBÖ als eines ihrer Ziele fest: „Durch gemeinsames Auftreten in der Öffentlichkeit soll der Gedanke und das Ansehen der Erwachsenenbildung im Bewusstsein der Bevölkerung und der öffentlichen Stellen stärker verankert werden. Sie soll als gleichwertiger Teil des Bildungswesens anerkannt werden."

Gemessen an der Anzahl der Teilnahmen an Kursen, Seminaren, Lehrgängen und Beratungsangeboten ist die Erwachsenenbildung heute der mit Abstand größte Sektor im österreichischen Bildungssystem. Erwachsenenbildung – vom Ende der Schulpflicht bis in das hohe Alter – nimmt im lebenslangen Bildungsprozess der Menschen den weitaus größten Zeitraum ein.

Doch die reale Bedeutung der Erwachsenenbildung und deren Entwicklung zum größten Sektor des Bildungssystems wurde und wird in der gesamten bildungspolitischen Diskussion nicht adäquat wahrgenommen.

Und so zieht sich der Wunsch nach einem gesamtstaatlichen Handeln und der Aufwertung der Erwachsenenbildung zur dritten Säule des Bildungssystems durch alle veröffentlichten KEBÖ-Wortmeldungen:

„... die Erwachsenenbildung als wesentlichen und eigenständigen Sektor des österreichischen Bildungssystems herauszustellen und die Erwachsenenbildung in Zukunft noch stärker als innovative Kraft der Vermittlung zwischen Schulbildung, Berufsbildung und Universität sowie zwischen Wissenschaft, Kultur und Alltagswelt zur Geltung zu bringen." *(KEBÖ-Memorandum „Ziele, Stellenwert und Leistungen der österreichischen Erwachsenenbildung, Maßnahmen zu ihrer Förderung und Weiterentwicklung", Juni 1994)*

Und es liest sich die KEBÖ-Forderung des Jahres 2012 recht ähnlich der *Grundsatzerklärung 1973:* „Die Erwachsenenbildung als wesentlicher Teil des Bildungssystems braucht verstärkt öffentliche Wahrnehmung und Verantwortung sowie die gesetzliche Festschreibung der Bundeskompetenz für Erwachsenenbildung."

(„Der Beitrag der Konferenz der Erwachsenenbildung Österreichs zur Umsetzung der Strategie des lebensbegleitenden Lernens", April 2012)

Als Schritte zur Aufwertung der Erwachsenenbildung seien genannt:

Die 1980 initiierte Entwicklungsplanung für ein kooperatives System der Erwachsenenbildung in Österreich – es gehörte dabei zu deren erklärten Zielsetzungen, die Erwachsenenbildung zu einem gleichberechtigten Sektor des Bildungswesens zu machen und einen schrittweisen Ausbau der gezielten öffentlichen Finanzierung durch Bund, Länder und Gemeinden zu erreichen. Mit dieser Initiative wurde die Vernetzung und Professionalisierung der Erwachsenenbildung ein Stück weit begonnen und weiter vorangetrieben.

Mit der Etablierung des Ö-Cert – einem Qualitätsrahmen für die Erwachsenenbildung – im Jahr 2012 gelingt eine Zusammenführung der verschiedenen bestehenden qualitätssichernden Maßnahmen der Eb-Organisationen und die gegenseitige Anerkennung zwischen den einzelnen Bundesländern und dem Bund.

Start des Masterplans zum öffentlichen Bibliothekswesen 2011.

Für die nächsten Jahre verspricht die 2011 von vier Ministerien vorgelegte und im Ministerrat beschlossene Strategie zum lebensbegleitenden Lernen in Österreich eine Aufwertung der Weiterbildung. In dieser Strategie werden die unterschiedlichen Politikfelder erstmals auf ein gemeinsames Ziel hin miteinander verknüpft, in den Zielsetzungen der Strategie kommt dem Bereich der Weiterbildung eine entscheidende Rolle zu.

Um die Aufgaben im Bildungssystem wahrnehmen zu können, nannte die KEBÖ im Laufe ihrer 40-jährigen Arbeit in ihren verschiedenen veröffentlichten

Papieren beharrlich konkrete Maßnahmen zur Förderung/Weiterentwicklung der Erwachsenenbildung.

Öffentliche Mittel

Die KEBÖ als Repräsentantin der gemeinnützigen Erwachsenenbildung sieht den gesellschaftlichen und bildungspolitischen Auftrag darin, für alle Menschen zugängliche Angebote zum lebensbegleitenden Lernen bereitzustellen und forderte stets ein öffentlich abgesichertes Bildungsangebot für alle BürgerInnen. Marktgängige Bildungsangebote allein würden zu kurz greifen, viele MitbürgerInnen nicht erreichen sowie gesellschafts- und demokratiepolitische Bildungsmaßnahmen nicht umfassen.

Die KEBÖ-Forderungen nach einer besseren Förderung der Erwachsenenbildung durch die öffentliche Hand wurden auch durch mehrere Berichte der OECD unterstützt, die eine Unterdotierung des Weiterbildungssystems in Österreich kritisierten.

Budgetrückgänge, die Gefährdung der nationalen Anteile zu EU-Projektförderungen und unkalkulierbare Schwankungen im Budgetansatz für Erwachsenenbildung veranlassten die KEBÖ 1994 zu folgender Forderung: „Die Aufrechterhaltung und Weiterentwicklung der notwendigen bildungsorganisatorischen Grundstruktur kann von den Erwachsenenbildungsinstitutionen nur durch längerfristig abgesicherte Förderungen geleistet werden. Aus diesem Grunde ist die Förderungspraxis der öffentlichen Hand für die Erwachsenenbildung von einer Ermessens- bzw. Projektförderung in eine langfristig abgesicherte Förderung umzuwandeln, in ihrem Umfang auszuweiten und nach Richtlinien abzuwickeln, die über ein Budgetjahr hinaus gelten." *(KEBÖ-Memorandum „Ziele, Stellenwert und Leistungen der österreichischen Erwachsenenbildung, Maßnahmen zu ihrer Förderung und Weiterentwicklung", Juni 1994)*

Es ist als einer der großen Erfolge der KEBÖ zu werten, dass im Jahre 2009 (also 15 Jahre nach dieser KEBÖ-Forderung) die ersten Leistungsvereinbarungen mit dem Bildungsministerium – repräsentiert durch Bundesministerin Claudia Schmied – abgeschlossen und gleichzeitig die Subventionsmittel für die KEBÖ erstmals seit vielen Jahren der Kürzungen wieder angehoben wurden.

Diese erfolgreiche Kooperation wird durch die Leistungsvereinbarungen 2012 bis 2014, verbunden mit der Valorisierung der Bundesmittel – trotz öffentlicher Sparprogramme – um 7 %, fortgesetzt.

Eine kontinuierliche Anhebung der Bundesmittel für den Bereich der Weiterbildung bleibt jedoch auch weiterhin Forderung der KEBÖ:

„Schrittweise Anhebung der Bundesmittel für den gesamten Bereich der Erwachsenenbildung als dritte Säule des Bildungssystems auf 1 % des BIP sowie die weitere Erhöhung der Bundesmittel für die Verbände der KEBÖ im Rahmen der Leistungsvereinbarungen." *(„Der Beitrag der Konferenz der Erwachsenenbildung Österreichs zur Umsetzung der Strategie des lebensbegleitenden Lernens",* *April 2012)*

Zu betonen ist in diesem Kontext natürlich auch, dass ab dem EU-Beitritt Förderungsprogramme der Europäischen Union positiven Einfluss – nicht nur aus finanzieller Sicht – auf die Weiterbildungslandschaft in Österreich nahmen.

Beispielhaft seien hier die Ziel-1 Förderung ab 2000 für das Burgenland oder die teilweise Finanzierung der „Weiterbildungsakademie" und des österreichweiten Netzwerkes zur Bildungsberatung aus EU-Projektmitteln erwähnt.

Eine weitere KEBÖ-Forderung bezog sich auf die Bereitstellung von mehr hauptberuflichem Personal.

Die KEBÖ forderte zur Bewältigung der wachsenden Aufgaben – analog zu den anderen Teilen des Bildungssystems – die Förderung von mehr hauptberuflichem Stammpersonal.

Hier sind zwei Förderungsmaßnahmen des Ministeriums zu nennen, die eine nachhaltige Verbesserung in der MitarbeiterInnen-Struktur brachten:

Die 1984 von Bundesminister Helmut Zilk gestartete Aktion „Stellenlose Lehrer für die Erwachsenenbildung" ermöglichte die Anstellung von 250 zusätzlichen hauptamtlichen MitarbeiterInnen in den KEBÖ-Verbänden.

Die Professionalisierung setzte sich ab 1991 unter Bundesminister Rudolf Scholten mit der Subventionierung von Pädagogischen MitarbeiterInnen fort.

Im Jahr 1985 waren in den zehn KEBÖ-Verbänden 1.861 hauptamtliche MitarbeiterInnen beschäftigt, im Jahr 1993 waren es bereits 3.778, 2012 weist die KEBÖ-Statistik 5.800 hauptberufliche MitarbeiterInnen aus.

Neben diesem hauptamtlichen Personal sind in den KEBÖ-Verbänden 59.000 SeminarleiterInnen und Vortragende nebenberuflich tätig.

Entsprechend einem Grundprinzip der Erwachsenenbildung, wonach aus der Praxis für die Praxis gelehrt wird, war und ist die Erwachsenenbildung auf den Einsatz nebenberuflicher KursleiterInnen und Vortragender auf Honorarbasis angewiesen.

Der Wissenstransfer aus der Praxis über die Weiterbildung wieder zurück in die Praxis durch nebenberuflich tätige Lehrende muss durch entsprechende gesetzliche Rahmenbedingungen im Sozialversicherungs- und Steuerrecht ermöglicht und unterstützt werden.

MitarbeiterInnenausbildung

Neben der jeweils verbandseigenen MitarbeiterInnen Aus- und Fortbildung war die gemeinsame MitarbeiterInnen-Qualifikation immer ein Anliegen, auch um damit das Berufsbild „ErwachsenenbildnerIn" zu schärfen und ein Branchenbewusstsein zu schaffen. Drei Jahre nach Gründung war bereits der „KEBÖ-Grundlehrgang" als verbandsübergreifende Form der MitarbeiterInnen-Ausbildung installiert, der laufend den Erfordernissen angepasst und weiterentwickelt wurde. Wenn wir 2012 auf fünf Jahre erfolgreiches Wirken der Weiterbildungsakademie Österreich schauen, ist dies die erfolgreiche Fortführung des Anliegens. Die KEBÖ als Trägerin der Weiterbildungsakademie ist mit Recht auf dieses europaweit gelobte Vorzeigemodell der Qualifizierung von ErwachsenenbildnerInnen stolz.

Neben den Forderungen zum Ausbau der institutionellen Infrastruktur der Erwachsenenbildung bezogen sich die KEBÖ-Aussagen der letzten 40 Jahre immer auch auf **notwendige Maßnahmen für einen „fairen Zugang zur Weiterbildung":**

Gefordert wurde und wird die Unterstützung des Einzelnen durch Motivation, Zeit und Geld. Ziel war dabei immer die Hebung der Weiterbildungsbeteiligung, vor allem bei ungewollt bildungsfernen Personen und in strukturschwachen Regionen, sowie die Beseitigung von Defiziten in allen Kulturbereichen und Hilfestellung bei Problemen, die im Zusammenhang mit Migration auftreten.

Jede/r bekommt eine zweite Bildungschance

Das kostenfreie Nachholen von Abschlüssen und der Ausbau des Zweiten Bildungsweges waren der KEBÖ stets Anliegen und Aufgabengebiet.

„Das Nachholen von schulischen Abschlüssen und das Erwerben von Berechtigungen auf dem Zweiten Bildungsweg verlangt eine auf die Lebenssituation Erwachsener in Beruf und Alltag abgestimmte Lernsituation. ... Außerdem muss die Möglichkeit bestehen, Zeugnisse für Teilabschlüsse zu erhalten, sodass der Gesamtabschluss auch im Rahmen eines Modulsystems erreicht werden kann ..." *(KEBÖ-Memorandum „Ziele, Stellenwert und Leistungen der österreichischen Erwachsenenbildung, Maßnahmen zu ihrer Förderung und Weiterentwicklung", Juni 1994).* Im Mai 2001 forderte die KEBÖ die „Einrichtung eines gebührenfreien Kollegs für Berufstätige, um die Bildungschancen benachteiligter Gruppen zu erhöhen". *(Erwachsenenbildung ist MEHR WERT, Mai 2001)*

Die KEBÖ-Verbände begrüßen daher die auf Initiative von Ministerin Schmied 2012 in Form einer Bund-Länder-Kooperation gestartete „Initiative Erwachsenenbildung" zur kostenfreien Erlangung grundlegender Kompetenzen und Bildungsabschlüsse und erwarten die Weiterführung der Initiative Erwachsenenbildung in den Programmbereichen „Basisbildung/Grundkompetenzen" und „Pflichtschulabschluss" sowie die Ausweitung der Initiative für die Bereiche „Berufsreifeprüfung", „Lehrabschluss" und „Studienberechtigungsprüfung".

Jede/r hat ein Anrecht auf Weiterbildungszeit

Diese Forderung bezog sich auf den Ausbau von flexiblen Zeitmodellen zur Inanspruchnahme von Weiterbildung.

„Die KEBÖ fordert Regierung und Sozialpartner auf, eine Regelung für einen sozial abgesicherten und für die Betriebe verkraftbaren Anspruch auf Weiterbildungszeit für alle ArbeitnehmerInnen zu finden." *(KEBÖ-Memorandum „Ziele, Stellenwert und Leistungen der österreichischen Erwachsenenbildung, Maßnahmen zu ihrer Förderung und Weiterentwicklung", Juni 1994)*

„Die zeitliche Konkurrenz für Weiterbildung durch andere Verpflichtungen ist durch Ausweitung der optionalen Lernzeiten zu überwinden. Hier sind Betriebe, Sozialpartner und Gesetzgeber gleichermaßen gefordert, verbesserte Bedingungen in Bezug auf Arbeitszeiten, Lernzeiten und bei der Bildungskarenz zu schaffen." *(„Erwachsenenbildung ist MEHR WERT", Mai 2001)*

Hier besteht nach wie vor Handlungsbedarf, und so fordert die KEBÖ ihn ihrem Papier *„Der Beitrag der Konferenz der Erwachsenenbildung Österreichs zur Umsetzung der Strategie des lebensbegleitenden Lernens", April 2012:*

„Betriebe, Sozialpartner und Gesetzgeber sind gefordert, flexible Zeitmodelle zur Inanspruchnahme von Weiterbildung zu schaffen".

Ebenso wichtig war die **Schaffung einer Individualförderung und das Vorantreiben deren österreichweiter Harmonisierung**.

„Eine weitere Unterstützung für die Förderung der Bildungsnachfrage liegt in der direkten finanziellen Abgeltung von Weiterbildungskosten (z.B. im Rahmen der Arbeitnehmerförderung und Arbeitsmarktförderung bzw. durch Stipendien für Berufstätige im Zweiten Bildungsweg)." *(KEBÖ-Memorandum „Ziele, Stellenwert und Leistungen der österreichischen Erwachsenenbildung, Maßnahmen zu ihrer Förderung und Weiterentwicklung", Juni 1994)*

„Die verschiedenen Modelle von *Bildungskonten* bzw. *Arbeitnehmerförderung* sind derzeit regional völlig unterschiedlich gestaltet. Der Bund ist aufgerufen, durch eine mit den Ländern abgestimmte Förderpolitik, eine österreichweite Harmonisierung zu finden." *(„Erwachsenenbildung ist MEHR WERT", Mai 2001)*

Die Modelle der ArbeitnehmerInnenförderung sind nach wie vor regional unterschiedlich gestaltet, und so fordert die KEBÖ 2012 „Ausbau und Harmonisierung der inhomogenen Fördermodelle der einzelnen Bundesländer zur

Reduktion von Ungleichheiten im Bereich der Individualförderung". *(„Der Beitrag der Konferenz der Erwachsenenbildung Österreichs zur Umsetzung der Strategie des lebensbegleitenden Lernens", April 2012)*

Die Bedeutung des

Informellen Kompetenzerwerbs

hat die KEBÖ schon früh erkannt und fordert daher bereits im *KEBÖ-Memorandum 1994* die Entwicklung von Instrumenten zur Anerkennung von nicht formal und informell erworbenen Kompetenzen und Teilqualifikationen im formalen Bildungssystem und in der Arbeitswelt.

2012 fordert die KEBÖ auch mit Blick auf den Nationalen Qualifikationsrahmen die „Entwicklung von österreichweit gültigen Verfahren zur Feststellung von nicht formal und informell erworbenen Kompetenzen sowie die Anerkennung von nicht formal und informell erworbenen Kompetenzen und Teilqualifikationen im formalen Bildungssystem und in der Arbeitswelt". *(„Der Beitrag der Konferenz der Erwachsenenbildung Österreichs zur Umsetzung der Strategie des lebensbegleitenden Lernens", April 2012)*

Die KEBÖ wusste um die Notwendigkeit von

bewusstseinsbildenden Aktionen

zur Verbesserung des Images von Weiterbildung und zur Hebung der Weiterbildungsbeteiligung.

Bereits in der *Grundsatzerklärung 1973* wird festgehalten, dass durch gemeinsames Auftreten der Gedanke der Erwachsenenbildung in der Bevölkerung stärker verankert werden soll. „Dabei soll insbesondere die Zusammenarbeit mit den Massenmedien, vor allem mit dem Rundfunk gepflegt werden." Darauf folgten die Werbekampagnen „Der gute Vorsatz 1973: Aufwachen und weiterbilden" und eine weitere öffentliche Kampagne 1975 mit Werbespots in Fernsehen und Kino.

Auch 2012 fordert die KEBÖ „Bewusstseinsbildende Aktionen zur Verbesserung des Images von Lernen und Bildung sowie zur Anhebung der Weiterbildungsbeteiligung, z.B. durch ORF im Sinne des Bildungsauftrags, Print- und elektronische Medien."

Zur Hebung der Weiterbildungsbeteiligung/Teilnahmequoten fordert die KEBÖ folgende Maßnahmen: „Flächendeckende Programme zur besseren Erreichbarkeit von ungewollt bildungsfernen Personen und in strukturschwachen Regionen sowie wirksame Programme zur Beseitigung von Defiziten bei unfreiwillig bildungsfernen Personen in allen Kulturtechniken sowie von Problemen, die im Zusammenhang mit der Migration auftreten." *(„Der Beitrag der Konferenz der Erwachsenenbildung Österreichs zur Umsetzung der Strategie des lebensbegleitenden Lernens", April 2012)*

In diesem Zusammenhang steht auch die in den letzten Jahrzehnten gestellte Forderung nach **Bildungsinformation und Bildungsberatung.**

„Kostenlose (Weiter-)Bildungsinformation und -beratung für alle, Aufbau eines flächendeckenden, leicht zugänglichen und gebührenfreien Systems der (Weiter-) Bildungsinformation und -beratung durch Vernetzung und Ergänzung bestehender Einrichtungen." (*Erwachsenenbildung ist MEHR WERT*", *Mai 2001*)

Derzeit sind die KEBÖ-Einrichtungen am Aufbau und der Implementierung einer österreichweiten trägerneutralen Bildungsberatung im Rahmen des Kooperativen Systems im „9+1 Netzwerke Bildungsberatung Österreich" beteiligt. Im Netzwerk erfolgt österreichweit die Implementierung kompetenzbasierter Beratung.

Resümee

Am Ende des Rückblickes auf 40 Jahre Konferenz der Erwachsenenbildung Österreichs lässt sich zusammenfassend festhalten:

Die KEBÖ hat – über alle Einzelinteressen der zehn Verbände hinweg – starke gemeinsame Anliegen, Zielsetzungen und Erfolge, der KEBÖ-Leitungsausschuss ist ein handlungsfähiges Gremium und ein Modell demokratischer Zusammenarbeit.

Die KEBÖ als Vernetzungsplattform: An dieser Stelle sei auf eine wirklich beeindruckende Kontinuität in der KEBÖ-Geschichte verwiesen:

Bereits die *Grundsatzerklärung 1973* enthält den – damals noch nicht so modernen – Begriff des „Kooperativen Systems".

In den letzten 40 Jahren haben die KEBÖ-Verbände intern, aber auch gemeinsam mit den Partnern, kontinuierlich an der Weiterentwicklung dieses Netzwerkes gearbeitet und heute wird dieses Kooperative System der Erwachsenenbildung in gemeinsamer Entwicklungsarbeit und in vielen Projekten gelebt.

Die KEBÖ als verlässliche Partnerin des Bildungsministeriums und als Vertretung der gemeinnützigen Erwachsenenbildung ist notwendig, hat sich bewährt und wird auch weiterhin eine wichtige und kritische Rolle in der bildungspolitischen Diskussion einnehmen.

Angela Bergauer

Erwachsenen-Bildungspolitik 2000 bis 2014 – Versuch einer Reflexion

In den Jahren 2000 – 2014 kam es auf nationaler Ebene (aber auch auf EU-Initiativen hin) zu mehreren bildungspolitischen Impulsen für die Erwachsenenbildung, sie brachten Strukturveränderungen und Professionalisierungsschritte, die auch Auswirkungen auf Aufgaben, Arbeitsweise und Selbstverständnis der einzelnen KEBÖ-Verbände mit sich brachten.

Im folgenden Kapitel sollen die wesentlichen Aktionen/Projekte/Initiativen beschrieben und deren Auswirkungen auf die Erwachsenenbildungslandschaft bzw. deren Chancen auf weitere Umsetzbarkeit reflektiert werden.

Um dem Leser, der Leserin auch die Möglichkeit der Überprüfung von „Anspruch und Wirklichkeit" der österreichischen Bildungspolitik im Bereich der Erwachsenenbildung zu geben, werden diesem Kapitel die entsprechenden Abschnitte der **Regierungsprogramme** des jeweiligen Zeitraums vorangestellt.

„Österreich neu regieren" Schüssel I, Februar 2000:
Lebensbegleitendes Lernen als zentraler Schwerpunkt der Bildungspolitik.

Umfassende Regierungsoffensive zur Koordination des gesamten Erwachsenen- und Weiterbildungsbereiches und Informationskampagne.

Verwirklichung des Konzeptes „lebensbegleitendes Lernen" durch Zertifizierung vergleichbarer Qualifikationen in allen Bildungsbereichen – einschließlich der Erwachsenenbildung.

Besondere Unterstützung innovativer Formen der Erwachsenenbildung und von Angeboten zur Weiterbildung in neuen Berufsfeldern.

Regierungsprogramm Schüssel II, Februar 2003:
Das große Ziel von Bildung ist nicht die Reproduktion von Wissen, sondern die Anwendung von Wissen zur Lösung von neuen Herausforderungen. Durch beste Bildung und Ausbildung erhalten die jungen Menschen unseres Landes die Grundlagen zur Entfaltung ihrer Persönlichkeit, für ein sinnerfülltes Leben und für eine erfolgreiche berufliche Laufbahn. Die österreichische Bundesregierung wird im Rahmen einer Bildungsoffensive die Qualität der Bildungsangebote im internationalen Vergleich weiter steigern, die Vielfalt fördern und neue Entwicklungen in die Angebote aufnehmen.

Lebensbegleitendes Lernen:

- Bildungsabschlüsse international vergleichbar machen, Zertifizierung
- Nationale Steuerungsgruppe zur Koordination und Strategieplanung im BMBWK
- Besonderes Augenmerk: Nachholen von Bildungsabschlüssen
- Neue E-Learning Modelle, neue steuerliche Anreizsysteme, Qualitätssicherung

Die in beiden Regierungen für die Erwachsenenbildung verantwortliche Fachministerin (Bundesministerium für Bildung, Wissenschaft und Kultur) ist Elisabeth Gehrer.

Regierungsprogramm 2007, Gusenbauer:

Um die Qualität der Bildung in Österreich weiter zu steigern und nachhaltig zu sichern, sollen die öffentlichen Bildungsausgaben insgesamt angehoben werden.

Im Hinblick auf die steigende Bedeutung des lebensbegleitenden Lernens ist die Vernetzung und Durchlässigkeit zwischen Aus- und Weiterbildung weiter zu verstärken und die Anerkennung von informell erworbenen Kompetenzen auszubauen. Der Förderung der Weiterbildung, einer kompetenten Beratung und der Qualitätssicherung der Weiterbildungsangebote kommt ein hoher Stellenwert zu. Besonderes Augenmerk ist im Bereich der Erwachsenenbildung auf Personen mit einem niedrigen Qualifikationsniveau zu legen.

„Gemeinsam für Österreich" Dezember 2008, Faymann

Im Zentrum der Bildungspolitik stehen die Bildung und Ausbildung aller Menschen, der Erwerb von Wissen, Fähigkeiten und Kenntnissen, die Anerkennung persönlicher Leistung sowie eine werteorientierte Persönlichkeitsentwicklung. Bildung umfasst die vielfältige Förderung von Kreativität, Sozialkompetenz, von interkulturellem Verständnis, Toleranz und Demokratieverständnis, das insbesondere durch die Politische Bildung gestärkt wird.

Erwachsenenbildung

Lebensbegleitendes Lernen ist eine Chance zur Entwicklung der Persönlichkeit, der Gesellschaft und der Wirtschaft. Ausreichende Angebote für den Erwerb von Basisbildung, insbesondere auch für Menschen mit Migrationshintergrund, sind dafür eine wesentliche Voraussetzung.

Gemeinsam mit den Ländern soll im Wege von Kofinanzierungsmodellen das kostenfreie Nachholen von Bildungsabschlüssen aller formalen Ausbildungen der Sekundarstufe I und II (inklusive der Berufsreifeprüfung) in einer altersgerechten Form ermöglicht werden. Eine Ausweitung der Teilrechtsfähigkeit von Schulen wird in diesem Zusammenhang angedacht.

Durch den Ausbau bestehender Beratungsangebote, die Professionalisierung der Beratung und den Einsatz zeitgemäßer Beratungsinstrumente soll eine weitere Verbesserung der Bildungsberatung für Erwachsene erreicht werden.

Der Ausbau von Qualifizierungsmaßnahmen für die haupt- und ehrenamtlichen MitarbeiterInnen und die Schaffung gemeinsamer Qualitätsstandards sollen zur Qualitätssicherung der Angebote der Erwachsenenbildung beitragen.

Die Arbeit der Bund-Länder-ExpertInnengruppe „Fördermodelle in der Erwachsenenbildung" soll fortgesetzt werden und bildet eine wichtige Entscheidungsgrundlage für bildungspolitische Maßnahmen.

Im Rahmen des Nationalen Bildungsberichts ist dem lebensbegleitenden Lernen ein eigener Abschnitt zu widmen.

Die in beiden Regierungen für die Erwachsenenbildung verantwortliche Fachministerin (Bundesministerium für Unterricht, Kunst und Kultur) ist Dr. Claudia Schmied.

Arbeitsprogramm der österreichischen Bundesregierung 2013 – 2018 „Erfolgreich. Österreich." Dezember 2013, Faymann II
Ziel: Weiterentwicklung der österreichischen Erwachsenenbildung.
Herausforderung: Zugang zu Bildung im Erwachsenenalter erleichtern.
Maßnahme: Verlängerung der bestehenden Vereinbarung gemäß Art. 15a B-VG zum Nachholen von Bildungsabschlüssen (Basisbildung und Pflichtschulabschluss); Ausbau der Bildungsinformation und der Bildungsberatung im Bereich der Erwachsenenbildung.

Verantwortliche Fachministerin (Bundesministerium für Bildung und Frauen) ist Gabriele Heinisch-Hosek.

Was passierte in den Jahren...?

Bundesstaatliche Erwachsenenbildung

Erwachsenenbildungs-Förderungsgesetz Auflösung der Förderungsstellen Veränderungen im Status des Bundesinstituts für Erwachsenenbildung bifeb Gründung Ländernetzwerk Weiter. Bildung 1973 bekannte sich die Republik Österreich erstmals zur finanziellen Förderung der Erwachsenenbildung und des Büchereiwesens und formulierte ein Förderungsgesetz.

Neben der Förderung von Verbänden und Einrichtungen wird darin auch die Finanzierung staatlicher Einrichtungen festgelegt: Stellung und Aufgabe der Bundesstaatlichen Erwachsenenbildung (Förderungsstellen des Bundes für Erwachsenenbildung und Bundesinstitut für Erwachsenenbildung).

Förderungsstellen des Bundes für Erwachsenenbildung
Vorgeschichte:
Der Unterstaatssekretär für Unterricht, Otto Glöckel, gab am 30. Juli 1919 einen Erlass betreffend Genehmigung eines Regulativs für die Organisierung des
Volksbildungswesens in Deutschösterreich an alle Landesschulräte und Landesregierungen heraus. Nach diesem Regulativ lag die Leitung des gesamten Volksbildungswesens beim Unterrichtsamt, in dem als nachgeordnete Dienststelle das
„Deutschösterreichische Volksbildungsamt" eingerichtet wurde. Zur Unterstützung der Tätigkeit wurde am Sitz jedes Landesschulrates ein erfahrener Fachmann
als Landesreferent für das Volksbildungswesen bestellt.

Im Erwachsenenbildungs-Förderungsgesetz 1973 werden die Förderungsstellen wie folgt erwähnt:

§ 10. (1) Der Bundesminister für Unterricht und Kunst hat in jenen Ländern,
in deren Bereich im Jahre 1972 ein vom Bund bestellter Volksbildungsreferent
tätig war, eine Förderungsstelle des Bundes für Erwachsenenbildung einzurich-
ten, der die Besorgung der privatwirtschaftlichen Aufgaben des Bundes auf dem
Gebiet der Erwachsenenbildung im Bereich des betreffenden Landes obliegt. Die
genannte Förderungsstelle ist eine dem Bundesministerium für Unterricht und
Kunst nachgeordnete Dienststelle. Die Bestellung des Leiters dieser Stelle obliegt
dem Bundesminister für Unterricht und Kunst. Dieser hat vor der Bestellung das
Einvernehmen mit der Landesregierung anzustreben.

(2) Im Rahmen ihres Aufgabenbereiches hat die Förderungsstelle des Bundes für
     Erwachsenenbildung insbesondere

     a) die auf dem Gebiet der Erwachsenenbildung tätigen Einrichtungen und
         Personen zu informieren und zu beraten;
     b) Kontakte zwischen (…) tätigen Einrichtungen und Personen herzustellen;
     c) Veranstaltungen auf dem Gebiet der Erwachsenenbildung anzuregen und
         zu fördern;
     d) durch eine Büchereistelle den Volksbüchereien bei der Erstellung von the-
         oretischen und praktischen Grundlagen für die bibliothekarische Arbeit
         und bei der Versorgung mit bibliothekarischen Hilfsmitteln zu helfen;
     e) durch die Führung einer Wanderbücherei Orte ohne Volksbüchereien zu
         versorgen und Volksbüchereien bei ihrer Tätigkeit zu unterstützen.

(3) Die Einrichtung einer Förderungsstelle des Bundes für Erwachsenenbildung
     hat zu entfallen, wenn die Besorgung ihrer Geschäfte dem Landeshauptmann
     und den ihm unterstellten Behörden im Land gemäß Art. 104 Abs. 2 B-VG
     übertragen wird.

Auflösung der Förderungsstellen des Bundes für Erwachsenenbildung

Im Oktober 2001 wurden im Rahmen eines Maßnahmenpakets zur Verwaltungsreform die Aufgaben der Förderungsstellen des Bundes für Erwachsenenbildung den Ländern übergeben. Dadurch wurden – neben Einsparungen von Bundesbudgetmitteln – eine leichtere Umsetzung von Bildungsschwerpunkten auf Landesebene sowie Kooperationen mit Erwachsenenbildungseinrichtungen und Gebietskörperschaften erwartet. Die Gesetzesbestimmung bezüglich der Förderungsstellen wurde durch das Budgetbegleitgesetz 2003 aufgehoben und die Dienststellen aufgelöst. Das Erwachsenenbildungs-Förderungsgesetz wurde durch das BGBl. I Nr. 71/2003 verändert („§ 10 samt Überschrift entfällt").

Auch wenn im Laufe der Jahre immer wieder Kritik bzw. Verbesserungsvorschläge hinsichtlich der Wahrnehmung der Aufgaben der Förderungsstellen in den Ländern zu hören waren, sorgte deren Auflösung im Feld der Erwachsenenbildung für rege bildungspolitische Diskussionen und erzeugte auch Widerstand, vor allem wurde auf die mit dieser Maßnahme verbundene Preisgabe der (ohnehin geringen) bundesstaatlichen Kompetenzen und Koordinierungsmöglichkeiten im Rahmen der Erwachsenenbildung verwiesen.

Das „Forum Wissenschaft" formulierte in einer Pressemitteilung unter dem Titel *Bundesregierung verabschiedet sich von der Erwachsenenbildung!* die Bedenken und rechtlichen Unsicherheiten: „Unter Ausschluss der Öffentlichkeit entsorgen Schwarz und Blau derzeit die Förderungsstellen des Bundes für Erwachsenenbildung. Entgegen dem klaren gesetzlichen Auftrag an den Bund, diese Förderungsstellen zu betreiben, wird das dortige Personal mit einer Mischung aus Zureden und Drohen dazu bewogen, andere Stellen anzunehmen oder Frühpensionierungsmodelle zu wählen. Es gibt keine Einigung mit den Ländern, Verhandlungen mit ihnen, diese Förderungsstellen zu übernehmen, sind gescheitert. Damit ist die Auflösung der Förderungsstellen ein klarer Rechtsbruch!"

Zeitgleich war auch die die zweite Säule der Bundesstaatlichen Erwachsenenbildung, das **Bundesinstitut für Erwachsenenbildung bifeb,** von der Auflösung/ Veräußerung durch die Bundesregierung bedroht.

Bundesinstitut für Erwachsenenbildung – bifeb Vorgeschichte:

Das Bürglgut war bis 1938 im Besitz der Familie Sobotka/Petschek, die Liegenschaft wurde 1938 als „jüdischer Besitz ariert". Die nach Amerika geflüchtete Familie bekam 1948 den Besitz zurück. 1955 verkauften die Besitzer das Bürglgut billig an die Republik Österreich mit der Auflage, dass es öffentlich genutzt werden und im Besitz der Republik verbleiben müsse.

1956 wurde das „Bundesstaatliche Volksbildungsheim St. Wolfgang" eröffnet,

1968 erfolgte die Umbenennung in „Bundesheim für Erwachsenenbildung St. Wolfgang des Bundesministeriums für Unterricht".

Seit 1974 heißt das Haus „Bundesinstitut für Erwachsenenbildung".

Auf der Rechtsgrundlage des § 11 des Bundesgesetzes über die Förderung der Erwachsenenbildung und des Volksbüchereiwesens aus Bundesmitteln 1973 ist das bifeb eine nachgeordnete Dienststelle des Bundesministeriums für Unterricht, Kunst und Kultur. 1956 gegründet ist das bifeb dem Prinzip des Lebenslangen Lernens und der Chancengleichheit im Zugang zu Bildung für alle verpflichtet und unterstützt die strategischen Aufgaben des Bildungsministeriums auf der Ebene der Planung und Umsetzung der Aus- und Weiterbildung von ErwachsenenbildnerInnen.

Von den Ausgliederungs-/Veräußerungsideen zur Flexi-Klausel Regelung
Dieser Textteil basiert auf einer schriftlichen Dokumentation der Ereignisse des damaligen bifeb-Direktors Dr. Ernst Gattol, welche im Generalsekretariat des Rings Österreichischer Bildungswerke aufliegt.

August 2000: In der „Wiener Zeitung" kündigt Bundesministerin Gehrer an: „Strobl soll zu einem Kompetenzzentrum für Weiterbildung werden, dazu wird es aus dem Bildungsministerium ausgegliedert und in eine Gesellschaft mit beschränkter Haftung umgewandelt."

Der damalige Direktor des bifeb, Dr. Ernst Gattol, wird in diesem Zeitungsbericht wie folgt zitiert:

„Wir werden versuchen, mit den Änderungen konstruktiv umzugehen." Im Mittelpunkt stünden für das bifeb derzeit die existenziellen Verhandlungen. „Da das Vermögen an die Bundesimmobiliengesellschaft übertragen wird, ist vor allem zu klären, welche Ressourcen das neue Kompetenzzentrum zur Verfügung haben wird." Eine Reduzierung der jetzigen Einrichtung auf ein bloßes Bildungshotel soll, so Gattol, „jedenfalls verhindert werden".

Am 11. Oktober 2000 erfolgt der Ministerratsbeschluss zur Umwandlung des bifeb in eine GmbH, das bifeb ist somit Bestandteil der Ausgliederungsvorhaben des Bundes.

Rückblickend kommentiert Ernst Gattol diese Vorgänge wie folgt:

„Die Ideologie vom schlanken Staat, des New Public Management und der Schmäh vom Nulldefizit erklärte in diesen Jahren vieles zum Sanierungsfall. Zu Beginn der Vorbereitung für die Umwandlung in eine GmbH sahen wir uns mit Bedingungen konfrontiert, die uns in kürzester Zeit den Konkurs beschert hätten: Mieten in Höhe einer halben Million Schilling an die BIG, kostendeckender Wirtschaftsbetrieb und niedrige Basisabgeltung für den pädagogischen Betrieb.

Und immer wieder die Ankündigung, dass, wenn die Finanzziele nicht erreicht werden, Teilverkäufe bzw. die Schließung als realistisch anzusehen sind."

Die Politik der damaligen Bundesregierung, Ausgliederungen voranzutreiben bzw. staatliches Eigentum „zu Geld zu machen", schürte auch im Falle des bifeb die Angst, dass das Objekt mit Traumlage am Wolfgangsee zu einem Fall für Spekulanten werden könnte.

In seinem Brief vom 16. Oktober 2000 an den Restitutionsbeauftragten Dr. Ernst Sucharipa hält Gattol fest: „Was uns allen Sorgen bereitet, ist die Ausgliederung der Liegenschaft ins Eigentum der Bundesimmobiliengesellschaft. Dazu kommt, dass ich mich sowohl als Beamter als auch als Bürger verpflichtet fühle, auf folgenden Umstand hinzuweisen: Das Areal, das sogenannte Bürglgut, wurde 1938 arisiert …"

In seiner Antwort vom 27. Oktober 2000 reagiert Sucharipa mit folgenden Worten:

„Vielen Dank für … die differenzierte Darstellung des Problems, das sich aus einer allfälligen Veräußerung der Liegenschaft im Zusammenhang mit der geplanten Ausgliederung des bifeb ergeben könnte. Ich glaube, es ist sehr wichtig, hier die entsprechende Sensibilisierung bei den politischen Entscheidungsträgern herbeizuführen. Ich werde dazu gerne meinen bescheidenen Beitrag leisten."

Am 1. Jänner 2001 erfolgt der Eigentümerwechsel: Gemäß Bundesimmobiliengesetz hat der Bund die Liegenschaft bifeb der Bundesimmobiliengesellschaft (BIG) übertragen.

Die BIG ist somit Eigentümerin der Liegenschaft und tritt in alle Rechte und Pflichten der bisherigen Eigentümer ein.

Gerade mit Blick auf die Geschichte und die Auflagen der Besitzerfamilie bekamen die möglichen Veräußerungsideen politische Brisanz:

Anfang 2001 wird Stephen Sobotka als Nachfahre der Besitzerfamilie über mögliche Gefahren, die mit der stattgefundenen Ausgliederung zusammenhängen, in Kenntnis gesetzt.

Stephen Sobotka hat eine gewisse Beziehung zum bifeb, so wurde 1988 anlässlich des Gedenkjahres 1938 seitens der Direktion des bifeb mit ihm Kontakt aufgenommen, 1995 besucht er auf Einladung des bifeb mit seiner Familie das Bürglgut.

In einem ausführlichen Brief an Bundespräsident Thomas Klestil legt Stephen Sobotka die Geschichte seiner Familie und des Bürglguts dar, um abschließend an den Bundespräsidenten zu appellieren: „Zum Schluss ersuche ich Sie, zu bedenken, dass das Bundesinstitut für Erwachsenenbildung nicht nur an eine schwierige Vergangenheit erinnert, von der man vergeblich wünscht, sie zu vergessen. Seine

Bestimmung legt so beredt Zeugnis vom besten Teil der österreichischen Bevölkerung ab, dass ich mir nicht vorzustellen vermag, dass irgendwer in Österreich, der
sich über Österreichs gegenwärtige Rolle und über die Haltung anderer diesem
Land gegenüber im Klaren ist, wünschen kann, dass diese Bestimmung zu Ende
geht, noch dazu unter so unerfreulichen Umständen. Als ein vorbildhaftes Zeichen
der Hoffnung und im Dienst dessen, was das Beste von Österreich verkörpert,
muss das Bundesinstitut seinen Auftrag weiter erfüllen."
(Der Originaltext in englischer Sprache findet sich am Ende dieses Beitrages.)

Gattol fasst die Ergebnisse der verschiedenen Interventionen wie folgt zusammen:

„Dr. Sucharipa kennt das bifeb im Zusammenhang mit der Sommerhochschule.
Als Leiter der Diplomatischen Akademie und als Restitutionsbeauftragter hatte
er eine gewisse thematische Nähe. Ich erfuhr nicht, was er veranlasste, aber er
versprach Wachsamkeit und meinte, dass ein möglicher Konflikt mit der Familie
Sobotka politische Aufmerksamkeit bekommen könnte, die man vernünftiger-
weise wohl nicht riskieren wird."

Zur Intervention von Stephen Sobotka bei Bundespräsident Klestil erinnert
sich Ernst Gattol: „Ich erfahre Wochen später, dass der Bundespräsident an Bundesministerin Gehrer ein Schreiben gerichtet hat. Von Beamten im Wirtschafts-
und Bautenministerium (zuständig für die BIG) wird vorübergehend angedacht,
die Verwaltung der Gebäude und Liegenschaft der Burghauptmannschaft zu
übertragen. Schlussendlich erfolgt jedoch mit 1. Jänner 2001 die Übertragung
an die BIG."

Die politische Relevanz des Falles bifeb im Zusammenhang mit der Resti-
tutionszielsetzung der Bundesregierung verhindert das weitere „Nachdenken"
über Veräußerungen, nach und nach entstand ein konstruktives Klima, das eine
fruchtbare Fortführung des bifeb ermöglichte.

2003 entstand die Idee zur Anwendung der Flexi-Klausel für das bifeb.

Entwicklung des bifeb ab 2004
Auf der Grundlage der Verordnung der Bundesministerin für Bildung, Wissenschaft und Kultur über die Bestimmung des Bundesinstituts für Erwachsenenbildung St. Wolfgang vom 30. Dezember 2003 wurde das bifeb ab 2004 als
Organisationseinheit bestimmt, bei der die Flexibilisierungsklausel zur Anwendung gelangt.

Ernst Gattol schließt seine persönlichen Erinnerungen an diese Jahre mit folgenden Worten: „Mir wurde während dieser schwierigen Phase des bifeb nicht
nur einmal ein vorzeitiger Pensionsantritt geraten. Das bifeb-Schiff wollte ich aber
nicht in einer Phase verlassen, in der Entscheidendes ungeregelt war und zudem

wollte ich selbst den Zeitpunkt mitbestimmen. 2005 erschien mir der Zeitpunkt passend. Dank der Aushandlung und Wirkkraft der Flexi-Klausel Anwendung 2004 und 2005 war für meine Nachfolgerin auch ein Rücklagenpolster für die Berghaus-Sanierung vorhanden."

Dr. Margarete Wallmann, Direktorin des bifeb ab Dezember 2005 bis Juli 2014, beschreibt die Auswirkungen der Flexibilisierungsklausel wie folgt:

„Die Flexi-Klausel stellte sich als gute Grundlage dafür heraus, den öffentlichen Auftrag der Entwicklung und Durchführung von qualitativ hochwertigen Aus- und Weiterbildungsprogrammen für ErwachsenenbildnerInnen mit unternehmerischem Denken und Handeln zu verbinden. Sie ermöglichte sowohl für das Gesamtunternehmen bifeb als auch für die einzelnen Arbeitsbereiche eine Erweiterung des Planungs- und Umsetzungsspielraumes und ein Mehr an Planungssicherheit. Die Eigenständigkeit und Eigenverantwortlichkeit der MitarbeiterInnen sowie das Kostenbewusstsein konnten durch geeignete Führungsinstrumente gefördert werden. Qualitätssicherung nach ISO 9001:2008 und 29990:2010 und ein integriertes Managementsystem, welches die Entwicklung von Visionen und Strategien durch das Instrument ‚Balanced Scorecard' sichtbar macht, sind die Basis für die lernende Organisation bifeb, die seismografisch Veränderungen in der Erwachsenenbildung wahrnimmt und darauf reagiert. Die Möglichkeit, Rücklagen zu bilden, um sie wieder in das Bildungshaus investieren zu können, kann als besonderer Motivationsfaktor hervorgehoben werden.

In den vergangenen Jahren wurde eine Reihe von Investitionen in die Infrastruktur des bifeb getätigt, die das Image des bifeb als modernes und kundenorientiertes Kompetenz- und Seminarzentrum stärken.

Alle geplanten Vorhaben werden im guten Einvernehmen mit dem Eigentümer der Liegenschaft, der Bundesimmobiliengesellschaft, durchgeführt."

Seit 1. Jänner 2013 ist das bifeb laut Bundeshaushaltsverordnung 2013 haushaltsführendes Organ mit einem zugewiesenen Detailbudget und einem vereinbarten Ressourcen-, Ziel- und Leistungsplan ähnlich der Flexi-Klausel Verordnung.

Ab Oktober 2011 wurden die Geschäftsstellen der Weiterbildungsakademie, der Initiative Erwachsenenbildung und des Ö-Cert als Büroverbund unter dem Namen „bifeb Wien" zusammengeschlossen. Es handelt sich dabei um die Benennung der Bürogemeinschaft und hat keine rechtliche Grundlage. Ab Jänner 2014 wird die Nennung bifeb Wien wieder zurückgenommen.

Die bedeutende Rolle des Bundesinstituts für Erwachsenenbildung im Bereich der österreichischen Erwachsenenbildung bzw. der Kooperationen mit den

KEBÖ-Verbänden im Kooperativen System der Erwachsenenbildung ist an dieser
Stelle zu betonen.

Auswirkungen der Auflösung der Förderungsstellen

Die Länder interpretierten die Auflösung der Förderungsstellen und die damit die
Erwachsenenbildung betreffenden Strukturreformen des Bundes im Jahre 2002
als Auftrag zur stärkeren Übernahme von Aufgaben der Länder im Bereich der
Erwachsenenbildung.

Die mit Ausnahme von Wien bestehenden „Landesarbeitsgemeinschaften für
Erwachsenenbildung" verlangten in diesem Zusammenhang nach stärkerer bildungspolitischer Berücksichtigung bei der Entwicklung der Erwachsenenbildung
und des öffentlichen Büchereiwesens sowie einer engeren Kooperation mit den
jeweils zuständigen Abteilungen bzw. Referaten bei den Ämtern der Landesregierungen.

Die ab den 1970er-Jahren gegründeten Landesarbeitsgemeinschaften für Erwachsenenbildung sind in den einzelnen Ländern sehr unterschiedlich struk-
turiert, sowohl in der Organisationsform wie auch in der Mitgliedschaft der im
Land aktiven Einrichtungen der Erwachsenenbildung. In einigen Ländern sind
auch Eb-Institutionen außerhalb der KEBÖ-Verbände Mitglied, damit wird die
Vertretung der „gemeinnützigen" – lt. Erwachsenenbildungs-Förderungsgesetz
festgelegten – Erwachsenenbildungsverbände erschwert. Die Lobbying-Arbeit für
Erwachsenenbildung und damit der politische Einfluss in den Ländern muss als
relativ gering eingeschätzt werden. Dies ist auch an der zwar unterschiedlichen,
aber generell doch geringen Dotierung der Länderbudgets für Erwachsenenbildung in den Bundesländern ersichtlich. Von einer kontinuierlich guten Finanzierung der Erwachsenenbildung kann nur in Wien gesprochen werden.

Im Oktober 2003 fanden in Graz die ersten informellen Gespräche zur Einrichtung eines österreichweiten Zusammenschlusses der Landesarbeitsgemeinschaften statt. Im September 2004 wurde in Salzburg das Papier „Kompetenzen
und Aufgaben des Bundes und der Länder in der Erwachsenenbildung und im
Öffentlichen Bibliothekswesen", das gemeinsam mit der KEBÖ erarbeitet wurde,
verabschiedet.

Im Dezember 2005 wurde das „Ländernetzwerk Weiter.Bildung" eingerichtet.
Es sieht sich als eine Initiative der Landesarbeitsgemeinschaften für Erwachsenenbildung.

Es stellt den bundesweiten freiwilligen Zusammenschluss der Einrichtungen
der Erwachsenenbildung und des Öffentlichen Bibliothekswesens in den Ländern, vertreten durch die jeweiligen Landesarbeitsgemeinschaften und der jeweils zuständigen Abteilungen bei den Ämtern der Landesregierungen (beratende

Stimme), dar und versteht sich als kollegiales Fach- und Interessengremium. Es bildet keine Rechtspersönlichkeit.

Damit entstand neben den Bundesverbänden und der KEBÖ ein zusätzlicher gesamtösterreichischer Zusammenschluss von Einrichtungen der Erwachsenenbildung, der um Einfluss auf Bundesebene bemüht ist.

Im April 2012 legt das Ländernetzwerk Weiter.Bildung in einer Geschäftsordnung folgende Ziele und Aufgaben unter Berücksichtigung der länderspezifischen Situation fest:

• Informations- und Erfahrungsaustausch zu Aktivitäten in Erwachsenenbildung und Öffentlichem Bibliothekswesen in den Bundesländern
• Bundesweite Aktivitäten in Erwachsenenbildung und Öffentlichem Bibliothekswesen in Österreich
• Entwicklung und Umsetzung innovativer Projekte in den Bundesländern, auf Bundesebene und in der EU

Unter „Aufgaben des Vorsitzes" findet sich auch „die Vertretung des Ländernetzwerk Weiter.Bildung nach außen (gegenüber Ministerien, Kammern, Verbänden auf Bundesebene, EU-Gremien, Medien, …)".

Die Erfahrung der letzten Jahre zeigt, dass im Ländernetzwerk Weiter.Bildung die Konsensfindung schwierig ist, da die Länderinteressen unterschiedlich sind und daher eine gemeinsame Vertretung gegenüber dem Bund schwierig ist. Ein verstärktes Engagement der Landesregierungen für die Belange der Erwachsenenbildung ist nicht durchgehend zu erkennen.

Allfällige negative Auswirkungen der Verkomplizierung der Strukturen in der Interessensvertretung der Erwachsenenbildung sowie der Unterlaufung der Steuerungsfunktion der Bundesverbände, die ja die Leistungsvereinbarungen mit dem Bildungsministerium abschließen und in der Konferenz der Erwachsenenbildung zusammengeschlossen sind, müssen im Sinne einer gedeihlichen Weiterentwicklung der österreichischen Erwachsenenbildung beobachtet werden.

Initiative Erwachsenenbildung

Trotz allgemein gestiegenem Qualifikationsniveau in Österreich wird es immer schwieriger, bestimmte Teile der Bevölkerung in den Bildungs- und Beschäftigungsprozess zu integrieren:

• 5.000 Jugendliche pro Jahr verlassen österreichweit das Bildungssystem ohne Hauptschulabschluss.

- 600.000 Menschen in Österreich verfügen nicht über ausreichende Kompetenzen im Lesen, Schreiben und Rechnen.

Die 2012 gestartete Initiative Erwachsenenbildung ist eine Kooperation der Länder und des Bundesministeriums für Unterricht, Kunst und Kultur zur Förderung grundlegender Bildungsabschlüsse für Erwachsene. Ziel ist es, in Österreich lebenden Jugendlichen und Erwachsenen auch nach Beendigung der schulischen Ausbildungsphase den Erwerb grundlegender Kompetenzen und Bildungsabschlüsse unentgeltlich zu ermöglichen. TeilnehmerInnen profitieren durch kostenfreie Kursmaßnahmen, qualitativ hochwertige, erwachsenengerechte, lebensphasenadäquate und bedürfnisorientierte Angebote in professionellen Erwachsenenbildungsinstitutionen.

Die gesetzliche Grundlage bildet die 39. Vereinbarung gemäß Art. 15a B-VG zwischen dem Bund und den Ländern über die Förderung von Lehrgängen für Erwachsene im Bereich Basisbildung/Grundkompetenzen sowie von Lehrgängen zum Nachholen des Pflichtschulabschlusses.

In der Programmperiode 2012 – 2014 werden folgende Bereiche gefördert:

Programmbereich Basisbildung/Grundkompetenzen: Zielgruppe sind Menschen, die Basiskompetenzen nicht oder nicht ausreichend erlernen konnten – unabhängig von Herkunft, Sprache und eventuell vorliegenden Schulabschlüssen.

Programmbereich Pflichtschulabschluss: Zielgruppe sind Jugendliche und Erwachsene, die keinen positiven Abschluss der 8. Schulstufe haben sowie Jugendliche und Erwachsene, welche die 4. Klasse Hauptschule in einzelnen Gegenständen negativ abgeschlossen haben und diese Fächer nun absolvieren wollen, um ein positives Gesamtzeugnis zu erhalten.

Ziele der Initiative Erwachsenenbildung:

- Verbreiterung der Durchlässigkeit von Bildungswegen und Erhöhung des Bildungsniveaus
- erhöhte Kohärenz zwischen den Förderinstrumenten der Länder und des Bundes
- Verankerung erwachsenengerechter Mindeststandards für die Programmbereiche
- nachhaltige Sicherung grundlegender Angebote der Erwachsenenbildung
- gendersensible Ausrichtung des Programms und Diversity-Mainstreaming
- Stärkung der Schlüsselkompetenzen als Voraussetzung für lebensbegleitendes Lernen

Die Institutionen der Erwachsenenbildung realisieren die entsprechenden Bildungsangebote, stellen den Akkreditierungsantrag an die Geschäftsstelle, richten die Förderanträge an das jeweilige Bundesland und sind für die Bereitstellung monitoringrelevanter Daten verantwortlich.

Der Bund refundiert 50 % der Fördersumme an das Land und koordiniert die „Initiative Erwachsenenbildung". Die Länder entscheiden über Förderzuerkennung und zahlen Förderungen an Institutionen der Erwachsenenbildung aus. Die Geschäftsstelle ist die Ansprechpartnerin für Institutionen der Erwachsenenbildung und unterstützt Akkreditierungs-, Monitoring- und Steuerungsgruppe. Die Akkreditierungsgruppe besteht aus unabhängigen BildungsexpertInnen, sie prüft und akkreditiert Anträge. Die eingerichtete Monitoringgruppe besteht aus unabhängigen Monitoring-ExpertInnen und überprüft die Treffsicherheit und Nachhaltigkeit der Maßnahmen. Die Steuerungsgruppe ist Aufsichts- und Steuerungsorgan.

Die Initiative Erwachsenenbildung stellt Fördermittel zur Realisierung entsprechender Bildungsangebote zur Verfügung. Die Aufbringung der direkten Fördermittel für die Durchführung der Programmbereiche erfolgt nach festgelegten Förderkriterien je zur Hälfte durch das jeweilige Land und den Bund.

Laut Planungsdaten „Basisbildung/Grundkompetenzen" werden von Bund und Ländern für die Förderperiode 2012 – 2014 je 10,879.635 Euro bereitgestellt.

Laut Planungsdaten „Nachholen des Pflichtschulabschlusses" werden von Bund und Ländern für die Förderperiode 2012 – 2014 je 16,403.779 Euro bereitgestellt.

Bei voller Mittelaufbringung soll österreichweit insgesamt folgende Personenanzahl der jeweiligen Zielgruppe erreicht werden:

	Programmjahr 2012	Programmjahr 2013	Programmjahr 2014	Summe
Basisbildung/ Grundkompetenzen	2.098	2.315	2.361	6.774
Nachholen Pflichtschulabschluss	1.699	1.956	2.177	5.832

„Das, was wir jetzt beschließen, ist ja nicht die Lösung aller bildungspolitischen Fragestellungen. Wir müssen auf der einen Seite die begonnenen bildungspolitischen Reformschritte konsequent weiter setzen, und wir müssen auf der anderen Seite schauen – und verzeihen Sie, das ist jetzt vielleicht kein schönes Wort –, auch im Reparaturbereich deutliche Akzente zu setzen, motivierend zu wirken und Impulse zu geben. Dennoch freue ich mich sehr, dass der 15a-Vertrag geglückt ist. Es ist wirklich ein besonderer Artikel-15a-Vertrag, und das sage ich nicht nur, weil ich jetzt hier bei Ihnen im Bundesrat bin, es ist nämlich der erste 15a-Vertrag in der Zweiten Republik im Bereich der Erwachsenenbildung. Es ist das allererste Mal, dass sich hier Bund und Länder im Interesse der Erwachsenenbildung zusammentun. Als Vorbild dient uns in dem Fall die Europäische Union mit ihren Ko-Finanzierungsprogrammen. Wir haben ein Ko-Finanzierungsmodell entwickelt, der Bund zahlt 50 Prozent, die Bundesländer zahlen 50 Prozent, und die Bundesbeteiligung gibt es nur, wenn sich alle vom Neusiedler See bis zum Bodensee an die Spielregeln halten. Das ist die einzige Möglichkeit, um österreichweit für einheitliche Qualität zu sorgen." (Bundesministerin Claudia Schmied, Parlament, Bundesrat, 2. Februar 2012)

Einige Daten zur Umsetzung: (Datenbasis: 1.9.2014, Initiative Erwachsenenbildung)

	Basisbildung	Pflichtschulabschluss
Bildungsträger	37	28
Bildungsangebote		
akkreditiert	74	43
abgelehnt	5	0
gefördert	61	34
TeilnehmerInnen		
01.01.2012 – 31.08.2014	13.853	4.614
Abschlüsse		
01.01.2012 – 31.08.2014	9.481	2.351

Wie wichtig diese Förderprogramme sind – und auch in Zukunft sein werden – belegt die internationale PIAAC-Studie zur Untersuchung der Schlüsselkompetenzen Lesen, Alltagsmathematik und Problemlösung von Erwachsenen, deren Ergebnisse am 8. Oktober 2013 präsentiert wurden und für Österreich – zusammengefasst – folgenden Befund ergibt:

Erwachsene in Österreich (16- bis 65-Jährige) zeigen eine überdurchschnittliche Leistungsfähigkeit in Mathematik, eine im Durchschnitt liegende Leistung in Problemlösung im Kontext neuer Technologien und eine geringfügig niedrigere Lesekompetenz als der Durchschnitt der Länder, die an der Studie teilgenommen haben.

Wie in vielen europäischen Staaten weisen auch in Österreich Personen mit einer anderen Erstsprache als die Sprache, in welcher der PIAAC-Test durchgeführt wurde, eine sehr schwache Leseleistung auf.

Weiterführung der Initiative 2015 – 2017
Trotz der Willenserklärung im Regierungsprogramm, die Initiative Erwachse-nenbildung nach Auslaufen der 1. Periode 2014 weiterzuführen, finden sich im Bundesbudget keine entsprechenden Mittel. Daraufhin erfolgen mit dem Verweis auf die Ergebnisse der PIAAC-Studie seitens der KEBÖ-Verbände bei Bildungs-ministerin bzw. Finanzminister entsprechende Interventionen zur Fortführung der Initiative.

In der Regierungsklausur Herbst 2014 beschließt die Bundesregierung ein bildungspolitisches Grundsatzpapier, das sich vor allem mit Fragen der Vorschul-erziehung bzw. der Volksschule befasst. Unter Punkt 6 wird allerdings auf die Initiative Erwachsenenbildung unter dem Titel „Lernen hört nach der Schule nicht auf" hingewiesen:

„Das Erfolgsmodell ‚Initiative Erwachsenenbildung' soll für die nächsten 3 Jahre fortgeführt werden. Ziel ist, den Anteil an gering qualifizierten Personen im erwerbsfähigen Alter nachhaltig zu senken und das Qualifikationsniveau der Bevölkerung zu erhöhen.

Erwachsene werden in kostenlosen Bildungsprogrammen nachgeschult: Ba-sisbildung und Nachholen des Pflichtschulabschlusses."

Finanzierung 2015 – 2017
Das Programm Basisbildung wird in der ESF-Programmperiode 2015 bis 2017 ab Juli 2015 aus ESF-Mitteln kofinanziert, das bedeutet eine Verdoppelung der einsetzbaren Fördermittel.

Das Programm Pflichtschulabschluss wird in der bisherigen Höhe weiterge-führt, jedoch nicht aus dem ESF kofinanziert.

Nachholen des Pflichtschulabschlusses „erwachsenengerecht"

Mit dem Gesetz über den Erwerb des Pflichtschulabschlusses durch Jugendliche und Erwachsene, das am 1. September 2012 in Kraft getreten ist, wurde eine „er-wachsenengerechte" Form zum Nachholen des Pflichtschulabschlusses geschaf-fen. Grundlage aller anerkannten Vorbereitungslehrgänge und Prüfungen ist ein kompetenzbasiertes und lernergebnisorientiertes Curriculum. Für die Prüfungen sieht das Gesetz „thematisch und didaktisch erwachsenengerecht abgefasste Auf-gabenstellungen" vor (§ 3, Abs. 1). Die berufliche und die private Lebenserfahrung der TeilnehmerInnen wird mit einbezogen und damit auch non-formales Lernen in Kursen, Seminaren und Vorträgen oder informelles Lernen mit dem Inter-net und anderen Medien, am Arbeitsplatz, im privaten Alltag, in Studienzirkeln und Bibliotheken anerkannt. Einrichtungen der Erwachsenenbildung haben bei anerkannten Lehrgängen das Recht, fünf Prüfungen selbst abzunehmen. Damit ist ein weiterer wichtiger Schritt zur Integration der Erwachsenenbildung in das Bildungssystem gelungen.

„Die wesentlichen Punkte aus meiner Sicht sind, dass die Prüfungsvorbereitung analog zur Berufsreifeprüfung primär über die Institutionen der Erwachsenenbildung erfolgt, also zum Beispiel auch Volkshochschulen, WIFI, BFI, also Institutionen, die auch sehr nahe an den Menschen sind. Ich halte das für sehr wichtig." (Bundesministerin Claudia Schmied, Parlament, Bundesrat, 19. Juli 2012)

Kooperatives System der österreichischen Erwachsenenbildung

Das seit 2006 bestehende Kooperative System der österreichischen Erwachsenenbildung (kurz: Kooperatives System) ist eine Gemeinschaftsinitiative der zehn Verbände der Konferenz der Erwachsenenbildung Österreichs (KEBÖ) und des Bundesinstituts für Erwachsenenbildung (bifeb), die vom Bundesministerium für Unterricht, Kunst und Kultur (BMUKK) unterstützt wird.

Im Sinne der Professionalisierung und Qualitätsentwicklung der Erwachsenenbildung ist es das Ziel des Kooperativen Systems, die berufsbegleitende Weiterbildung von ErwachsenenbildnerInnen und die Anerkennung und Zertifizierung von non-formal und informell erworbenen Kompetenzen zu fördern. Das Kooperative System der österreichischen Erwachsenenbildung am Bundesinstitut für Erwachsenenbildung ist eine Gemeinschaftsinitiative zur Professionalisierung und Qualitätsentwicklung der Erwachsenenbildung.

Im Rahmen des Kooperativen Systems haben die Partner vereinbart, die Geschäftsfelder Weiterbildungsakademie, Grundlagen der Erwachsenenbildung und Bildungsmanagement gemeinsam zu tragen und zu gestalten.

Kernstück der Kooperation ist die am 1. Februar 2007 gegründete Weiterbildungsakademie Österreich (wba) als partnerschaftliche Einrichtung der österreichischen Erwachsenenbildung.

Die wba wurde in einem ESF-Projekt – von den KEBÖ-Verbänden, dem Bundesinstitut für Erwachsenenbildung, Universitäten und anderen Bildungseinrichtungen unter der Federführung des Verbandes Österreichischer Volkshochschulen – inhaltlich und strukturell entwickelt.

Die wba ist ein modulares Zertifizierungs- und Anerkennungsverfahren für ErwachsenenbildnerInnen, sie anerkennt Bildungsangebote, ohne selbst Bildungsanbieter zu sein, setzt Praxis in der Erwachsenenbildung voraus, überprüft und anerkennt bereits vorhandene Qualifikationen und Kompetenzen von ErwachsenenbildnerInnen nach definierten Standards. Die im Curriculum verlangten Kompetenzen werden durch Zeugnisse, Bestätigungen, Praxisnachweise,

Äquivalente, ein Assessment und ein Kolloquium nachgewiesen. Fehlende Kompetenzen können über Angebote in Bildungsinstitutionen erworben werden. Die wba vergibt einen zweistufigen Abschluss mit Zertifikat und Diplom und unterstützt die Durchlässigkeit zwischen Erwachsenenbildung und hochschulischer Aus- und Weiterbildung.
Zielgruppen:

• Lehrende, GruppenleiterInnen oder TrainerInnen
• BildungsmanagerInnen
• BeraterInnen
• BibliothekarInnen

Die Finanzierung erfolgt durch das Bundesministerium für Unterricht, Kunst und Kultur, den Europäischen Sozialfonds (ESF) und Beiträge der wba-Studierenden. Ab 1. Jänner 2014 geht die wba vom Projekt- in den Regelbetrieb über und wird aus Bundesbudgetmitteln gefördert.

Dieser „Erfolg" währte jedoch nur ein Jahr, aufgrund der Sparvorhaben seitens des Bundes wird die Weiterbildungsakademie ab 2015 wieder über Mittel aus dem ESF kofinanziert.

Die Weiterbildungsakademie ist als ein wichtiger Schritt zur weiteren Professionalisierung der Erwachsenenbildung zu sehen und darf als Erfolg gewertet werden.
Das zeigen zum einen
die statistischen Daten (Stand 24. 6. 2014):
wba-Abschlüsse:

• 750 wba-Zertifikate
• 177 wba-Diplome, davon

    76 „Bildungsmanagement"
    63 „Lehren/Gruppenleitung/Training"
    35 „Beratung"
     3 „Bibliothekswesen und Informationsmanagement"

Akkreditierungen von Bildungsangeboten:

• 135 Bildungsanbieter, die einen Qualitätssicherungsvertrag mit der wba geschlossen haben
• 1.113 akkreditierte Bildungsangebote (Kurse, Lehrgänge, …)

aber auch die über Österreich hinausgehende Anerkennung:

U.a. wurde die Weiterbildungsakademie Österreich 2013 in Brüssel mit dem Europäischen Validierungspreis für informelles und non-formales Lernen in der Kategorie „Bottom-Up Approach" ausgezeichnet.

Dessen ungeachtet müssen einige Entwicklungen bzw. Auswirkungen beachtet werden, um auch korrigierende Maßnahmen setzen zu können.

Christian Ocenasek, Leiter des Geschäftsfeldes „Grundlagen der Erwachsenenbildung", hat im Sommer 2013 in seinem Papier *„Ein kritischer Blick auf die Weiterbildungsakademie"* einige Anregungen zur Diskussion in den Gremien des Kooperativen Systems gegeben, die auch schrittweise umgesetzt werden.

Wesentliche Fragestellungen aus dem Papier seien hier angeführt:

1) Sorgfalt in der Verwendung von Begriffen:

„Weiterbildungsakademie": Die wba ist als Anerkennungsverfahren konzipiert. Der Begriff Weiterbildungsakademie suggeriert eine Bildungseinrichtung.

„Studierende": Die im Anerkennungssystem inskribierten Personen werden als Studierende bezeichnet. Diese Bezeichnung führt das Missverständliche bei der Unterscheidung Bildungs- versus Anerkennungseinrichtung fort.

„Curriculum": Der Begriff (lernergebnisorientiertes) Curriculum ist dem Ausbildungskontext entnommen. Im Sinne des Anerkennungssystems wäre ein Begriff wie (lernergebnisbeschreibender) Kompetenzkatalog korrekt.

„ECTS": ECTS ist dem universitären Bereich entnommen und dient vor allem im internationalen StudentInnenaustausch als Umrechnungseinheit für den Workload. Die wba hat diese Logik übernommen, obwohl sie keine Universität ist.

2) Validität von Nachweisen

Die Validität der Kompetenznachweise ist zentrales Thema beim Anerkennungsprozess.

Der Wert des wba-Zertifikats bzw. -Diploms ist umso höher, je valider die Nachweise sind. Auch wenn klar ist, dass es keine 100 % Validität geben kann, so muss es Ziel sein, diese zu erhöhen. Eine systematische Erforschung der „Fehlerquellen" und die Einführung von Maßnahmen zur Minimierung dieser muss Thema im Anerkennungsprozess werden.

3) Masterlehrgänge

Die Masterlehrgänge Erwachsenenbildung (Kooperation Uni Klagenfurt mit bifeb) und Bildungsmanagement (Kooperation Donau-Uni Krems und bifeb) sowie ein Masterlehrgang Bildungsberatung (in Vorbereitung) werden oft als „wba 3" bezeichnet. Hintergrund ist das Bestreben, für das wba-Diplom eine teilweise Anerkennung und im Bedarfsfall eine Studienberechtigung für wba-AbsolventInnen zu ermöglichen. Die Anerkennung von Kompetenzen in einem Masterstudium liegt aber ausschließlich in der Entscheidungsmacht der Universitäten.

Qualitätsrahmen für die Erwachsenenbildung – Ö-Cert

Unterschiedliche, in den Einrichtungen der Erwachsenenbildung bestehende, Qualitätsmanagement-Systeme führten im Bereich der Individualförderung immer wieder zu Problemen bei der wechselseitigen Anerkennung durch Länder und Institutionen. Daher ist die Zusammenführung der verschiedenen bestehenden qualitätssichernden Maßnahmen der Erwachsenenbildungs-Organisationen und die gegenseitige Anerkennung zwischen den einzelnen Bundesländern und dem Bund durch das Ö-Cert zu begrüßen.

Das von VertreterInnen des Bundesministeriums für Unterricht, Kunst und Kultur, der Länder und der Erwachsenenbildung gemeinsam unter wissenschaftlicher Begleitung entwickelte „Ö-Cert" hatte bei seiner Etablierung im Dezember 2011 hohe Ansprüche und Zielsetzungen, die in der Vereinbarung gemäß Art. 15a B-VG zwischen dem Bund und den Ländern über die Anerkennung des Qualitätsrahmens für die Erwachsenenbildung Ö-Cert StF: BGBl. II Nr. 269/2012 wie folgt festgehalten werden:

Artikel 1 – Zielsetzung und Anerkennung:

(1) Der Qualitätsrahmen für die Erwachsenenbildung Ö-Cert (im Folgenden „Ö-Cert" genannt) hat das Ziel, die österreichweite Anerkennung von Qualitätsmanagement-Systemen und Qualitätssicherungsverfahren in der Erwachsenenbildung zwischen den einzelnen Ländern sowie zwischen dem Bund und den Ländern sicherzustellen.

(2) Durch Ö-Cert soll Klarheit für TeilnehmerInnen an Bildungsmaßnahmen, Fördergeber und Erwachsenenbildungsorganisationen darüber geschaffen werden, welche Qualitätsmanagement-Systeme und Qualitätssicherungsverfahren in der Erwachsenenbildung im gesamten Bundesgebiet von den Vertragsparteien anerkannt sind, sowie eine Verwaltungsvereinfachung für Fördergeber und Erwachsenenbildungsorganisationen bewirkt werden.

(3) Zur Erreichung der im Abs. 1 und 2 festgelegten Ziele verpflichten sich die Vertragsparteien, bei der Vergabe von Förderungen entsprechend ihren jeweiligen Bestimmungen, sofern diese für Erwachsenenbildungsorganisationen ein Qualitätsmanagement-System oder ein Qualitätssicherungsverfahren vorsehen, die Erfüllung von Ö-Cert jedenfalls als ausreichenden Nachweis anzuerkennen.

Der Artikel 2 (2) regelt die Auflagen zur Erlangung des Ö-Cert durch eine
Bildungsorganisation wie folgt:
Ö-Cert ist von einer Erwachsenenbildungsorganisation erfüllt, wenn die fol-
genden Voraussetzungen vorliegen:

1. Nachweis des Vorliegens eines von Ö-Cert anerkannten Qualitätsmanage-
   ment-Systems oder Qualitätssicherungsverfahrens
2. Erfüllung der Grundvoraussetzungen aus Anlage 2

Die zitierten Grundvoraussetzungen sollen belegen, dass die Organisation *Erwachsenenbildung* anbietet und beziehen sich auf leitende Paradigmen der Er-
wachsenenbildungs-Organisation, das Angebot sowie ethische und demokratische
Prinzipien.

Ein Blick auf die veröffentlichten Ö-Cert-Träger 2013 zeigt, dass es bereits
viele Einrichtungen gibt, die das Ö-Cert aufweisen, und die Akkreditierung der
Organisationen der KEBÖ problemlos verlaufen ist.

Es sollte sich jedoch sehr rasch zeigen, dass diese Definitionen in den Grundvoraussetzungen unklar sind und hier ein Branchenbegriff „Erwachsenenbildung/
Weiterbildung" entsteht, der manche Probleme aufwirft:

Die eingesetzte Akkreditierungsgruppe und die Geschäftsstelle stießen bei der
Überprüfung der Grundvoraussetzungen auf Schwierigkeiten, die eine rasche Anerkennung vieler einreichender Bildungsanbieter unmöglich machte. Im Juni 2013
lud die Akkreditierungsgruppe ExpertInnen zu einer beratenden Arbeitsgruppe
ein, um eine Diskussion zu den vorliegenden Grundvoraussetzungen anzuregen.

In einem „Grundsatzpapier" der Vorsitzenden der Akkreditierungsgruppe,
Univ. Prof. Dr. Elke Gruber, vom Juni 2013 heißt es:

„In der laufenden Arbeit haben sich vier Themen bzw. Fragen herausgestellt,
die einer Schärfung durch Kriterien bedürfen, da sie immer wieder zur Diskussion standen. Wir fordern dezidiert Politik, Praxis, Verwaltung, Wissenschaft und
Forschung der Erwachsenenbildung dazu auf, mit uns in einen Austausch- und
Aushandlungsprozess über folgende Problemfelder zu treten:

1. Zum Unterschied von Bildung und Esoterik
2. Was ist Erwachsenenbildung? Definition und Gegenstandbestimmung
3. Was macht eine Erwachsenenbildungsinstitution aus?
4. Der pädagogische Nachweis als Kernstück von Qualitätsentwicklung und Professionalisierung der österreichischen Erwachsenenbildung"
Eine Weiterführung bzw. Schärfung dieser Diskussion scheint notwendig, ebenso die Evaluierung der Erfüllung der bildungspolitischen Ziele von Ö-Cert und
dessen Auswirkung auf die Individualförderung in Österreich.

Weiters ist eine offene bildungspolitische Diskussion über die erwünschten bzw. unerwünschten Wechselwirkungen zwischen Ö-Cert, Weiterbildungsakademie und Initiative Erwachsenenbildung zu führen. Es ist der Frage nachzugehen, ob die Kooperation von Bund und Ländern in der Form der 15a Vereinbarungen gelungen ist, ob die Steuerungsfunktion des Bundes ausreichend gewährleistet war.

Die Strategie zum lebensbegleitenden Lernen in Österreich 2020

Bereits 2001 forderte die Europäische Kommission im Dokument „Europäischer Raum des lebenslangen Lernens" von den Mitgliedsstaaten die Entwicklung nationaler Strategien zum lebensbegleitenden Lernen: „Um den Übergang zu einer wissensbasierten Gesellschaft zu erleichtern, fördert die Kommission die Erarbeitung von Strategien und konkreten Maßnahmen für lebenslanges Lernen im Hinblick auf die Schaffung eines europäischen Raums des lebenslangen Lernens. Diese Zielsetzung ist ein Herzstück der Lissabon-Strategie und insbesondere des Arbeitsprogramms *Allgemeine und berufliche Bildung 2010*. Die Mitgliedstaaten haben sich verpflichtet, entsprechende Strategien bis 2006 einzuführen."

In Österreich begann die Arbeit an dieser Strategie in unterschiedlichen Gremien im Jahr 2001. 2007 war das Papier „Leitlinien einer kohärenten LLL-Strategie in Österreich" fertiggestellt, letztendlich konnte aber über wesentliche bildungspolitische Fragen kein Konsens erzielt werden.

Viele Player, unterschiedliche Ideologien und Interessen verzögerten die Erstellung der österreichischen Strategie.

Erst am 5. Juli 2011 wurde die Strategie zum lebensbegleitenden Lernen in Österreich (LLL:2020) von der Bundesregierung verabschiedet, und die vier federführenden Bundesministerien

- Unterricht, Kunst und Kultur
- Wissenschaft und Forschung
- Arbeit, Soziales und Konsumentenschutz
- Wirtschaft, Familie und Jugend

mit der Umsetzung der Strategie betraut.

Entsprechend dem Beschluss der Bundesregierung ist die Umsetzung der österreichischen Strategie LLL:2020 einem jährlichen Monitoring zu unterziehen.

Das Verfahren der Berichterstattung des Monitorings erfolgte unter der wissenschaftlichen Begleitung von IHS und WIFO.

LLL:2020 umfasst das gesamte Bildungswesen und erfordert die Kooperation der verschiedensten Akteure. Die österreichische LLL-Strategie gilt als sehr ambitioniert, 10 Aktionslinien – 12 Strategische Ziele – 70 Maßnahmen – 53 Ziel-formulierungen sowie 580 Verknüpfungen in den 22 Handlungsfeldern betonen die komplexen Zusammenhänge der Strategie.

Zur Umsetzung der Strategie wurden folgende Gremien eingerichtet:

Die Task Force, bestehend aus den VertreterInnen der beteiligten Ministerien unter dem Vorsitz des Bildungsministeriums, nimmt Koordinationsaufgaben wahr und sorgt für die Rückkoppelung des Prozesses und der Zwischenergebnisse in die jeweiligen Ministerbüros. Weiters ist sie für die Erstellung des jährlichen Monitorings zum Stand des Umsetzungsgrades und des jährlichen Berichtes an den Ministerrat verantwortlich. Daneben ist sie für die Einrichtung und Betreuung der Datenbank zur Prozessbegleitung zuständig.

Die 26 Mitglieder der Nationalen Plattform sind durch Ministerratsbeschluss festgelegt, den Vorsitz führt hier ebenfalls das Bildungsministerium.

Aufgaben und Arbeitsweise der Nationalen Plattform:

Festlegung der Handlungsfelder, Entsendung von Verantwortlichen und Mitwirkenden für die Arbeitsgruppen zu den einzelnen Handlungsfeldern, die Diskussion und gemeinsame Bewertung der Ergebnisse aus den Handlungsfeld-Arbeitsgruppen sowie die Mitwirkung am jährlichen Berichtswesen.

Die personelle Zusammensetzung der Nationalen Plattform berücksichtigt die föderalen Strukturen, zeigt eine hohe „BeamtInnen-Dichte" und weist eine starke Einbindung der Sozialpartner auf. Mit VertreterInnen des Arbeitsmarktservices, der Bundesjugend-Vertretung, des Seniorenrates, der Konferenz der Erwachsenenbildung Österreichs und des Ländernetzwerk Weiter.Bildung sind auch einige wichtige Partner an der Verwirklichung der Strategie beteiligt.

Umsetzungsstand 2013

In der Ministerratsvorlage vom Juli 2014 geben Bundesministerin Gabriele Heinisch-Hosek, Bundesminister Rudolf Hundstorfer und Bundesminister Reinhold Mitterlehner folgenden Bericht zur Umsetzung der LLL-Strategie:

„Im dritten Jahr des Umsetzungszeitraums der LLL:2020 Strategie ist es gelungen, neue strukturelle Maßnahmen in größerer Dimension in Angriff zu nehmen und weitere Maßnahmenerfolge zu erzielen. Im Rahmen der Nationalen Plattform LLL erfolgen die konzertierte Umsetzung der einzelnen Arbeitspakete und die inhaltliche sowie zeitliche Abstimmung unter den betroffenen Akteuren. Thematisch verwandte Maßnahmen wurden zu Handlungsfeldern zusammengefasst. Insgesamt wurden 22 Handlungsfelder identifiziert. Im aktuellen Berichtsjahr 2013 konnte auf die Erfahrungen und Inhalte des Vorjahres aufgebaut

werden. Von den bereits 2012 von der Nationalen Plattform beschlossenen 22 Handlungsfeldern wurden weitere drei aktiviert:
Insgesamt sind 7 der 10 Aktionslinien (2, 3, 4, 5, 8, 9 und 10) sowie 10 Handlungsfelder aktiv. Die Verantwortlichen der aktivierten Handlungsfelder berichteten der Nationalen Plattform auf Basis aktualisierter Erfassungsbögen über die Entwicklung ihrer Aktionslinien, hier insbesondere die Fortschritte in Bezug auf die Erreichung der angestrebten Ziele im laufenden Berichtsjahr. Die Berichterstattung war ergebnisorientiert, ermöglichte die Kooperation verschiedenster Akteur/innen des Bildungsbereichs und unterstützte konstruktive Diskussionsprozesse über die Erreichbarkeit der angestrebten Ziele bzw. auch in welchen Bereichen frühzeitig Lenkungsmaßnahmen erforderlich sind. Trotz unterschiedlicher Ausgangslagen, unterschiedlichem Umsetzungsgrad in den Handlungsfeldern oder einem unterschiedlichen Maß an Aktivitäten ist das Erreichen der strategischen Ziele durchaus realistisch."

Für die Erwachsenenbildung besonders relevante Benchmarks und Ziele der LLL-Strategie und deren Verwirklichung:

Einen zentralen Punkt der LLL-Strategie stellt die „Erhöhung der Weiterbildungsbeteiligung anhand des LLL-Strukturindikators von 13,7 % (2010) auf 20 % (2020)" dar.

Die angestrebte Weiterbildungsbeteiligung von 20 % braucht Kontinuität und Verlässlichkeit der Bildungspolitik sowie flexible und leistbare Angebote der Bildungseinrichtungen.

Wenn davon ausgegangen werden muss, dass etwa die Hälfte der erwerbstätigen Bevölkerung kein Interesse an Weiterbildung zeigt, ihnen der Wert des Lernens fremd ist und die sie fördernde Motivation und Angebotsstruktur mangelhaft sind, stellt dies sowohl für den Wirtschaftsstandort, die demokratiepolitische Reife der Gesellschaft und für ein gelingendes Zusammenleben aller BürgerInnen eine ernst zu nehmende Entwicklung dar, der durch ein Bündel von Maßnahmen entgegenzuwirken ist.

Ein weiteres strategisches Ziel der LLL-Strategie, die „Implementierung des Nationalen Qualifikationsrahmens bis 2012 und Umsetzung einer Validierungsstrategie zur Anerkennung non-formalen und informellen Lernens", wurde bis dato nicht verwirklicht, die Diskussions- und Entscheidungsprozesse stecken fest.

Wenig Fortschritte gibt es auch bei der Etablierung des Nationalen Qualifikationsrahmens: Die Dominanz der bildungspolitischen Diskussion liegt auf Korridor 1, der tertiäre Sektor scheint an der Durchlässigkeit des Bildungssystems nicht interessiert. Im für die Erwachsenenbildung wesentlichen Korridor 2 besteht die

Gefahr der Überformalisierung, vor allem die allgemeine Erwachsenenbildung muss um einen adäquaten Platz im NQR bemüht sein.

Letztendlich wird auch das Budgetziel der Strategie „Erhöhung der Ausgaben für Bildung gemäß OECD-Indikator von 5,4 % des BIP im Jahr 2007 auf 6 % des BIP im Jahr 2020" ein Indikator für das Gelingen der Umsetzung der LLL-Strategie sein.

Vor allem für den stets unterdotierten Bereich der Erwachsenenbildung stellen eine schrittweise Anhebung der Bundesmittel für den gesamten Bereich der Erwachsenenbildung als dritte Säule des Bildungssystems auf 1 % des BIP, die Erhöhung und Valorisierung der Bundesmittel für die Verbände der Konferenz der Erwachsenenbildung Österreichs im Rahmen der mit dem Bundesministerium für Unterricht, Kunst und Kultur abgeschlossenen Leistungsvereinbarungen sowie der Ausbau und die Harmonisierung der inhomogenen Fördermodelle der einzelnen Bundesländer zur Reduktion von Ungleichheiten im Bereich der Individualförderung wesentliche Voraussetzungen zur Verwirklichung des lebensbegleitenden Lernens dar.

Die österreichische LLL-Strategie 2020 beinhaltet ambitionierte Ziele, die Verwirklichung muss von den Verantwortlichen im Bildungsbereich aber kontinuierlich eingefordert werden.

Ob die Motivation für die komplexe und zeitintensive Arbeitsweise der Handlungsfeld-Arbeitsgruppen vorhanden bleibt, die Ergebnisse dieser Arbeitsgruppen und deren notwendigen Verknüpfungen im gesamten Bildungsbereich konsensfähig sein werden und ob der politische Wille zur (weiteren) ernsthaften Umsetzung – inklusive der dafür notwendigen finanziellen Mittel – gegeben sind, werden die nächsten Jahre zeigen.

Im Regierungsprogramm SPÖ-ÖVP vom Dezember 2013 sucht man nach dem Begriff des „Lebenslangen Lernens" als solchem vergeblich, die LLL-Strategie 2020 findet keine Erwähnung, die Sparpolitik der Bundesregierung erreicht in großem Ausmaß auch den Bildungsbereich.

Leistungsvereinbarungen zwischen Bildungsministerium und KEBÖ-Verbänden

Im Vergleich zu den Gesamtausgaben für Bildung in Österreich sind die öffentlichen Förderungen für die Erwachsenenbildung nach wie vor gering. Die Finanzierung der Weiterbildung in Österreich liegt noch immer zum größten Teil bei den Betrieben und den TeilnehmerInnen an Bildungsmaßnahmen. Die öffentliche Hand (Bund, Länder und Gemeinden) übernimmt 12 %. Bund und

Länder fördern die Erwachsenenbildung über die „Ermessensausgaben", was eine beträchtliche Unsicherheit in Höhe und Kontinuität darstellt.

Wie „gedeckelt" die Budgettöpfe der Länder für Erwachsenenbildung sind, zeigt auch die Tatsache, dass aufgrund der benötigten Mittel der Länder für die Teilfinanzierung der „Initiative Erwachsenenbildung" die Struktur-Förderungen für die Einrichtungen in den meisten Ländern rückläufig, bzw. eine Valorisierung und Anhebung der Mittel nicht erfolgt sind.

Die KEBÖ fordert seit Jahren eine schrittweise Anhebung der Bundesmittel für den gesamten Bereich der Erwachsenenbildung als dritte Säule des Bildungssystems auf 1 % des BIP.

Budgetrückgänge, die Gefährdung der nationalen Anteile zu EU-Projektförderungen und unkalkulierbare Schwankungen im Budgetansatz für Erwachsenenbildung bedeuten für die KEBÖ-Verbände in den letzten 20 Jahren immer wieder – oft auch existenzgefährdende – Probleme, da ohne eine ausreichende Strukturförderung ein kontinuierliches, bürgernahes und kostengünstiges Weiterbildungsangebot gefährdet ist.

Der Abschluss der Leistungsvereinbarungen im Jahr 2009 zwischen Bildungsministerium und den KEBÖ-Verbänden markiert daher einen wesentlichen Meilenstein in der Geschichte der institutionellen Erwachsenenbildung in Österreich.

Neben der mittelfristigen Planungssicherheit liefern die Leistungsvereinbarungen wichtige inhaltliche Grundlagen für die Umsetzung der LLL-Strategie. Durch die Festlegung von Zielen, die Definition von Indikatoren und die Quantifizierung von Zielwerten werden Entwicklungen transparent gemacht, Planungs- und Steuerungsprozesse werden durch das begleitende Monitoring unterstützt. Insgesamt tragen die Leistungsvereinbarungen zur Verbesserung der Datenlage in der Erwachsenenbildung bei und bereichern die Dokumentation des Leistungsspektrums der KEBÖ-Verbände.

Der Abschluss der Leistungsvereinbarungen brachte auch jeweils eine Valorisierung der für die KEBÖ-Verbände zur Verfügung stehenden Mittel:

Leistungsvereinbarungen 2009 – 2011 im Ausmaß von 5,322.600 Euro jährlich, das bedeutete eine Erhöhung der Förderungen um 7 % gegenüber 2008.

Leistungsvereinbarungen 2012 – 2014 im Ausmaß von 5.695.179 Euro jährlich, das bedeutete eine Erhöhung um 7 % gegenüber 2011.

Für die ESF-Programmplanungsperiode 2007 – 2013 ist es dem Bildungsministerium gelungen, die Erwachsenenbildung stärker zu verankern. Der Einsatz von ESF-Mitteln für Maßnahmen in der Weiterbildung (Bildungsberatung, Kooperatives System der Erwachsenenbildung, AMS-Maßnahmen, Maßnahmen für bildungsbenachteiligte Personen) brachte in den letzten Jahren eine Verbesserung der finanziellen Ausstattung mit sich.

Dieser positive Trend scheint mit Blick auf das Bundesbudget für Erwachsenenbildung 2014/2015 gefährdet:

Der Budgetvoranschlag 2015 sieht eine Kürzung gegenüber dem Erfolg 2013 um 20,42 % vor: 36,485.000 Euro. Vorrangig wird dies durch die Streichung der Bund-Länder-Initiative „Nachholen von Pflichtschulabschlüssen" erreicht (obwohl diese explizit im Regierungsübereinkommen erwähnt wird!).

Jedoch zeigt auch die Budgetposition für die KEBÖ-Verbände (Leistungsvereinbarungen) 2014 und 2015 eine Kürzung um 10,39 %.

In Gesprächen mit dem Bildungsministerium und dem Finanzministerium über die Leistungsvereinbarungen wurde seitens der KEBÖ erreicht, dass die bis 2014 geltenden Leistungsvereinbarungen bis Ende 2015 verlängert werden und die entsprechende Finanzierung gesichert ist. Im Herbst 2015 sind die Verhandlungen über die Leistungsvereinbarungen 2016 – 2018 mit dem Ziel einer entsprechenden Erhöhung der Fördersummen für die KEBÖ-Verbände aufzunehmen.

Bildungsberatung

Projekt „Bildungsberatung Österreich – 9+1 Netzwerke"

Seit dem Jahr 2011 bilden sich unter dem Titel „9+1 Netzwerke" in allen Bundesländern Netzwerke, die ein flächendeckendes, anbieterneutrales Angebot an Bildungsinformation und Bildungsberatung für Erwachsene gewährleisten sollen. Um möglichst alle Bevölkerungsschichten zu erreichen, sind in diese Entwicklung strategische Partner und Institutionen eingebunden, die weitreichende MultiplikatorInnen-Netzwerke schaffen.

In jedem Bundesland wird das gesamte Angebot an Information und Beratung (face-to-face, per Telefon, Mail oder online; einzeln oder für Gruppen) im Netzwerk koordiniert und umgesetzt.

Erste Erfolge der Weiterentwicklung einer bürgernahen und kostengünstigen Bildungsberatung zeigen sich durch die Steigerung der Kontakte mit Beratungsinteressierten:

2007: 13.600,

2013: 50.000,

was fast eine Verdreifachung der Bildungsberatungskontakte darstellt.

Parallel dazu werden Querschnittsthemen bearbeitet, die eine österreichweite Vernetzung und den Know-How-Transfer zwischen den Ländern gewährleisten sollen. Hier stehen Themen wie Qualitätsstandards, Professionalisierung und

Qualifizierung, Zugang zu Zielgruppen, Wissensmanagement, Gender/Diversity-Standards sowie die strategische Weiterentwicklung der Bildungs- und Berufsberatung im Vordergrund.

Die Projekte werden durch das Bildungsministerium und den Europäischen Sozialfonds mit Beteiligung der Länder finanziert.

www.erwachsenenbildung.at

Das Portal für Lehren und Lernen Erwachsener im Auftrag des Bildungsministeriums

Das Info- und Service-Portal für die Erwachsenenbildung in Österreich www.erwachsenenbildung.at

informiert

… über die österreichische Erwachsenen- und Weiterbildung

… über Weiterbildungsangebote und Förderungen

… über informative Online-Quellen zur Erwachsenen- und Weiterbildung

Magazin erwachsenenbildung.at

Das Fachmedium für Forschung, Praxis und Diskurs

Das 2007 ins Leben gerufene Online-Magazin ermöglicht die Auseinandersetzung in Wissenschaft, Praxis und Bildungspolitik sowie den Wissenstransfer aus Theorie und Praxis und bietet Raum für die Vernetzung der ExpertInnen.

Berufsvereinigung der ArbeitgeberInnen privater Bildungseinrichtungen (BABE)

Die BABE ist eine auf freiwilliger Mitgliedschaft beruhende Berufsvereinigung von ArbeitgeberInnen, die Bildungseinrichtungen führen. Sie hat ihren Sitz in Wien und erstreckt ihre Wirksamkeit auf alle Bundesländer der Republik Österreich. Die BABE ist gemeinnützig, überparteilich und überkonfessionell, ihre Tätigkeit ist nicht auf Gewinn ausgerichtet, hat 41 Mitgliedsorganisationen, die insgesamt über 6.000 MitarbeiterInnen beschäftigen.

Die im Sommer 1999 erfolgte Vereinsgründung der BABE geht auf die Initiative von BFI Wien, BFI Österreich und den Verband Wiener Volkshochschulen zurück. Am 19. Mai 2000 wurde ihr vom Bundeseinigungsamt die Kollektivvertragsfähigkeit zuerkannt. Mit 1. April 2005 trat nach fünf Verhandlungsjahren der zwischen der BABE und den Gewerkschaften der Privatangestellten (GPA, nun: GPA-djp) und Handel, Transport, Verkehr (HTV, nun: vida) abgeschlossene BABE-KV als erster Kollektivvertrag für die Erwachsenenbildungsbranche in

Kraft. Seit seiner Satzung per 1. Oktober 2010 gilt der BABE-KV für rund 9.000 Beschäftigte in über 500 Bildungseinrichtungen der Erwachsenenbildung, deren Hauptzweck in der berufsorientierten außerbetrieblichen Erwachsenenbildung liegt, soweit sie nach arbeitsmarktrechtlichen Vorschriften oder bundes- oder landesrechtlichen Fördervorschriften als Einrichtungen der berufsorientierten außerbetrieblichen Erwachsenenbildung anerkannt sind.

Vom Geltungsbereich ausgenommen sind öffentlich-rechtliche Einrichtungen (z.B. Schulen, WIFI).

Seit ihrer Gründung macht sich die BABE für bessere Arbeitsbedingungen, Sicherung der Qualität und faire Wettbewerbsbedingungen stark. Die Satzung des BABE-Kollektivvertrags war ein wichtiger Schritt dazu. Der KV sichert nun für alle ArbeitnehmerInnen privater Bildungseinrichtungen gleiche und faire Rahmenbedingungen und ein Mindesteinkommen. Einheitliche Standards verhindern Wettbewerbsverzerrungen und Preisdumping zu Lasten der Beschäftigten und auf Kosten der Qualität.

Aufgaben und Ziele der BABE:

• Erhaltung der Zuerkennung der Kollektivvertragsfähigkeit
• Informelle Abstimmung der Gestaltung von Arbeitsbedingungen in den Mitgliedsorganisationen
• Verhandlungen mit freiwilligen und gesetzlichen Interessenvertretungen der ArbeitnehmerInnen über die Regelung von Arbeitsbedingungen sowie Aus- und Weiterbildungsbedingungen der MitarbeiterInnen in den Mitgliedsorganisationen und zum Abschluss von Kollektivverträgen
• Satzung der abgeschlossenen Kollektivverträge im Sinne von § 18 Abs. 1 ArbVG
• Verhandlungen mit den zuständigen Stellen und Einrichtungen zur Vertretung der Interessen der Mitglieder im Sinne des Vereinszweckes
• Öffentliche Vertretung der Interessen der Mitglieder im Sinne des Vereinszweckes

Dr. Michael Sturm, Vorsitzender der BABE, beschreibt bei einem Pressegespräch im Oktober 2013 die Bedeutung und die Erfolge der BABE wie folgt: „Mit der BABE ist es erstmals gemeinnützigen und privaten Einrichtungen der Erwachsenenbildung (nach anfänglichem Misstrauen) gelungen, eine gemeinsame Plattform zu finden und ihre Interessen, insbesondere gegenüber dem Arbeitsmarktservice als größtem Auftraggeber/Nachfrager von Schulungen, zu vertreten."

Als wesentlicher Erfolg der BABE ist auch die Novellierung und Präzisierung des § 49 (7) 2 ASVG im Sommer 2013 zu betrachten. Damit wurde eine klare gesetzliche Grundlage für die pauschalierten Aufwandsentschädigungen für nebenberuflich Lehrende geschaffen, die strittige Frage der Auslegung konnte weitgehend geklärt und der Ausnahmetatbestand abgesichert werden.

Europäische Union – Erwachsenenbildung

Das Amt des Kommissars für allgemeine und berufliche Bildung und Kultur existiert mit unterschiedlichen Zuständigkeiten seit 1985, mit Unterbrechung von 1995 bis 1999.

Der Bereich Mehrsprachigkeit wurde 2004 in die Zuständigkeit des Kommissars für Bildung und Kultur aufgenommen.

Von 2007 bis 2010 bildete er jedoch ein eigenes Ressort, bis er mit Amtsantritt der Kommission Barroso II im Februar 2010 wieder in die Zuständigkeit des Bildungskommissars zurückkehrte.

Außerdem fällt seitdem der Bereich Jugend, der zuvor keinem Kommissar besonders zugeordnet war, in das Bildungsressort.

Androulla Vassiliou, in der Kommission Barroso II 2010 – 2014, beschreibt ihre Zielsetzungen wie folgt:

„Als Kommissarin für Bildung, Kultur, Mehrsprachigkeit und Jugend werde ich mich in erster Linie auf Bereiche konzentrieren, in denen wir im Leben unserer Mitbürger etwas bewegen und uns für ein besseres Europa einsetzen können. Allgemeine und berufliche Bildung sind die Kernelemente der ‚EU-Strategie bis 2020' der Kommission für eine wettbewerbsfähige, ökologische und nachhaltige Wirtschaft. Meine Prioritäten stehen in Einklang mit den Leitlinien der Kommission für die nächsten fünf Jahre. Sie lauten: bessere Qualifizierung und Verbesserung des Zugangs zur Aus- und Fortbildung unter Berücksichtigung der Markterfordernisse, Förderung der Lernmobilität und Verbesserung der Chancen für junge Menschen, Pflege der kulturellen Kompetenz und Kreativität."

Bildung ist ein wichtiger Schlüssel für die Zukunft Europas.

Bildung ist nationalstaatliche Aufgabe, jedes EU-Land legt seine nationale Bildungspolitik fest. Dennoch werden von Kommission und Rat immer wieder Initiativen für eine gemeinsame Bildungspolitik gesetzt und die Mitgliedsstaaten zur Umsetzung aufgefordert. Vorrangiges Ziel ist dabei die größere Vergleichbarkeit der Bildungssysteme, die Erreichung von Standardisierungen.

Beispielhaft seien in Erinnerung gerufen:

1999 Bologna-Prozess, 2001 Strategien zum lebensbegleitenden Lernen, 2006 Festlegung Europäischer Schlüsselkompetenzen, 2008 Europäischer Qualifikationsrahmen, 2012 Strategie der Kommission „Neue Denkansätze für Bildung".

Es ist unbestritten, dass diese „europäischen Vorgaben" die Bildungsdiskussion und Bildungspolitik positiv beeinflusst haben. Es ist anzunehmen, dass manche der in den letzten Jahren gesetzten Schritte zur Professionalisierung der Erwachsenenbildung zögerlicher erfolgt wären, wenn die Bildungspolitik nicht u.a. durch die Notwendigkeit der Erstellung einer Strategie des lebensbegleitenden Lernens zu einer breiteren Auseinandersetzung mit bildungspolitischen Fragen gefordert gewesen wäre.

Ebenso unbestritten ist die Tatsache, dass Austauschprogramme im Bildungsbereich heute einen wichtigen Beitrag zu einem lebendigen und vielfältigen Europa leisten und EU-Fördermittel inzwischen einen nicht unwesentlichen Teil des Weiterbildungsbudgets ausmachen.

Ein kritischer Umgang mit den Inhalten der EU-Dokumente und deren Diskussion ist dennoch wichtig:

Bildung und Weiterbildung leisten sicherlich einen wichtigen Beitrag für Beschäftigung und wirtschaftliches Wachstum, Bildung fördert die berufliche Entwicklung der Menschen und trägt zur Sicherung des Wirtschaftsstandortes und der Arbeitsmarktfähigkeit bei. (Dass diese These auch nur begrenzte Gültigkeit hat, zeigt die Tatsache, dass 2014 in der Europäischen Union 5 Mio. – z.T. auch gut ausgebildete – Jugendliche ohne Beschäftigung sind.)

Die EU-Dokumente zeigen zunehmend ein enger ausgelegtes Verständnis des lebensbegleitenden Lernens. Die von der Kommission beschlossenen und vom Europäischen Parlament verabschiedeten „Schlüsselkompetenzen für lebensbegleitendes Lernen" sind aber vielfältiger und umfassen die persönlichen, sozialen, bürgerschaftlichen/demokratiepolitischen und kulturellen Kompetenzen.

Bildung/Erwachsenenbildung muss Menschen auch zur Führung eines selbstbestimmten Lebens und zur politischen Teilhabe und Übernahme von Verantwortung für das Gemeinwesen befähigen, sie leistet einen wesentlichen Beitrag zur Förderung des sozialen Zusammenhalts in der Gesellschaft.

Ergänzend sei hier angemerkt, dass auch im Bereich der Kultur (wie Bildung nationalstaatliche Angelegenheit) von der Europäischen Union eine Verschiebung der Förder-Schwerpunkte vorgegeben ist: „Kreatives Europa" ist das Nachfolgeprogramm des auslaufenden EU-Kulturförderungsprogramms. Im Call 2013 wird als Ziel der EU-Förderungen festgeschrieben: „Chancen des digitalen Zeitalters und der Globalisierung zu nutzen und die Branche der Kulturschaffenden in ihrem Potenzial für nachhaltiges Wachstum zu unterstützen." Auch hier geht es um die Erschließung neuer Märkte, die Hebung der Wirtschaftsleistung, Schaffung neuer Jobs …

Reflexion und Diskussion der Absichten und Auswirkungen staatlicher Maßnahmen und EU-Vorgaben zum Bildungsbereich

Die Weiterentwicklung der Erwachsenenbildung verlangt eine kritische Auseinandersetzung mit den angestoßenen Entwicklungen und eine Überprüfung der – gesellschaftspolitischen – Auswirkungen hinsichtlich der gerechten Verteilung von Ressourcen auch und gerade in der (Weiter-)Bildung.

Die im Diskurs zur Professionalisierung der Erwachsenenbildung eingebrachten kritischen Anmerkungen müssen auch in den nächsten Jahren wahr- und ernst genommen werden.

Tendenzen, Entwicklungen, Fragen, die in den letzten Jahren wahrgenommen und zunehmend kritisch hinterfragt werden, sind vor allem

- die starke Ökonomisierung der Bildung, Bildungsangebote werden als „Ware" gesehen, dadurch verringert sich das Augenmerk auf Chancengleichheit
- der Umgang mit dem herrschenden „Zwang" zur permanenten Weiterbildung
- die Frage der Verwertung von Bildung und das Bild des Menschen als „funktionierendes" Objekt. Lassen sich die Probleme der Arbeitslosigkeit wirklich durch Bildung bekämpfen?
- die Sorge um den Bedeutungsverlust der kritischen und emanzipatorischen Bildung
- die überbordende Standardisierung und „Verschulung" von Erwachsenenbildung, Einrichtung komplexer Gremienstrukturen

An den Schluss dieser bildungspolitischen Reflexionen möchte ich einen Ausschnitt aus dem Referat von Univ. Prof. Dr. Werner Lenz, gehalten anlässlich des 40-jährigen KEBÖ-Bestehens, am 1. Oktober 2012 im Bundesinstitut für Erwachsenenbildung als Anregung zum Weiterdenken stellen:

ZWEIFEL BILDET – GEWISSHEIT BERUHIGT!

„Erwachsenenbildung ist als Weiterbildung und als Beitrag zum lebenslangen Lernen ein wichtiger Teil des individuellen Lebens und von gesellschaftlichen Anliegen geworden. Die Fragen von Anfang der 1970er-Jahre sind noch immer bedeutsam: Wirkt Bildung vereinnahmend oder befreiend? Auf welcher Seite stehen wir als Bildungsvermittler und mit unserer Bildungsinstitution? Unterstützen wir Befreiung, Emanzipation und Empowerment oder Anpassung, Abhängigkeit und Unterwerfung?

Wenn wir den Beitrag der Erwachsenenbildung zu unserem individuellen und gesellschaftlichen Dasein bedenken, sollen wir auch berücksichtigen, dass die Menschen unseres Landes nicht nur im Wohlstand leben. Etwa 500.000 leben in Armut, etwa 600.000 sind psychisch erkrankt, etwa 300.000 sind arbeitslos und geschätzte 300.000 leben in Österreich als AnalphabetInnen.

Sollten wir uns nicht gegen ein gesellschaftliches Lernen wenden, das soziale Gleichgültigkeit und ‚Spaß haben‘ als Ziele setzt? Sollten wir nicht für mehr Mitgefühl, Empathie und soziale Verantwortung als Ziele aller formalen und informellen Lernprozesse eintreten?

Lehren und lernen wir ‚das Richtige‘? Wann und was erfahren wir in unseren Bildungseinrichtungen über Details und den Zusammenhang von Klima (Wandel), Hunger, Migration und Finanzkapital? Warum integrieren wir die Verbindung von Arbeit, Bildung und Gesundheit nicht stärker in unser Lehren und Lernen?

Wenn lebensbegleitendes Lernen als von der Regierung anerkanntes bildungspolitisches Programm seit Juli 2011 gilt, warum schauen wir nicht mehr darauf, wie alle Menschen ihre Bildung in der Lebensspanne erreichen können? Wieso schaffen wir so wenig Ausgleich zwischen den etwa 20 Jahren, die AkademikerInnen in Bildungsinstitutionen, und den 9 Jahren, die AbsolventInnen der Pflichtschulen in ihnen verbringen? Kann nicht gerade ein organisatorisches Zusammenwirken von Schulen und Erwachsenenbildung sinnvolle Beiträge leisten?

Das führt schließlich zum Erfordernis, das gesamte Bildungswesen als Organisation, die jetzt fraktal gegliedert verschiedenen Einzelinteressen folgt, neu zu durchdenken und zu gestalten. Eine notwendige ‚Öffnung des Bildungssystems‘, das mehr Bildung für alle anstrebt, wird sich neuen Themen, einer erweiterten Klientel, einer Erörterung des Menschenbildes, der pädagogischen und didaktischen Zielsetzungen sowie schon lange notwendigen organisatorischen Neuerungen nicht verschließen können.“

Stephen Sobotka
4314 Cathedral Avenue, NW
Washington, DC 20016–3561
(202) 588–2200

Bundespräsident
Dr. Thomas Klestil
Ballhausplatz 1
Hofburg
A-1010 Wien
AUSTRIA   March 18, 2001

Dear Dr. Klestil,

Please accept my apology for writing in English. I was twelve years old when I had to stop living and being educated in Austria and, with my family, left our homeland. However, I still understand enough German to read a reply to this letter or, if necessary, to speak in that language, especially if that would help resolve the issue which leads to this letter.

My grandfather, Moritz Sobotka, was an unusually successful businessman in Austria towards the end of the 19th century. He and his brother-in-law owned a malting house in Vienna, then known as *Hauser und Sobotka, GMBH*. I believe the current name of the firm is *Stadlauer Maltzfabric*, and that it is still owned by the Mautner-Markhof family which purchased it in 1938 after the Anschluss, when Jews were no longer permitted to conduct business.

In the later years of the 19th century, my grandfather, and his wife, Sophie, first leased and then purchased the Bürglgut located on the border between Strobl and St. Wolfgang on the Wolfgang See. My grandparents, parents, and lastly I spent much of our time on the Bürgl. Grandfather endowed the water distribution system that still supplies the town of Strobl and built or remodeled 4 major residences on our property for use by our extended family. We still have the guest book started in 1904 and filled with reminders of good and intellectually challenging times, with scores of renowned visitors. And I have vivid memories of my own time at the Bürgl while it was in our family's possession. My father, Valentin Sobotka, lived there most of his youth, attending local schools, and the gymnasium in Gmunden prior to his service in the Austrian army where he served with great distinction as an officer in the 7th Dragoner Regiment and received numerous medals that we have and treasure.

Upon my grandfather's death, my father and his brother Hans took over the direction of *Hauser und Sobotka*. My grandmother then spent most of her time on the Bürglgut and the entire family as well as a great many guests continued to gather there. Upon her death in 1931, my father inherited the Bürgl. he was the youngest of nine children, each of whom inherited some portion of *Hauser und Sobotka*. In order to manage the family's affairs and to secure adequate financing for *Hauser und Sobotka,* my father sold the Bürgl to Hans and Eva Petschek – she being the daughter of one of his sisters, and Hans, her husband. The family's use of the Bürgl remained unchanged until 1938. Soon after the Anschluss, those members of the Sobotka and Petschek as well as related families that could, left Austria. Just prior to leaving, my father had been obliged to sell his interest in *Hauser und Sobotka,* which by that time was a large interest in a substantial firm. The funds, from that sale and others, that were to be received by my father werde placed in the Schoeller Bank. The history of what happened to those funds, essentially none of which were received by any member of my family, was recently researched by Schoellerbank, and what happended is documented and are part of the public record in the appropriate Austrian archives. We have copies of at least some of these archived records as well as original statements from the bank from 1938.

Upon leaving what had been our homeland, we met up with the Petschek family and other relatives in England and came to the US, essentially penniless, in September of 1938. I finished my education in the United States and served in the US army in Italy. Shortly after the war, the property was restored to Hans and Eva Petschek and they made it available for use by an organization called ORT which was looking after people, mostly children, upon their release from concentration camps. I visited the Bürgl soon thereafter, bringing clothing, blankets, and food. It was a heart rending experience, eased by the knowledge that the Bürglgut was in good use, but tainted by the knowledge that, just prior to that time, the property had been used by Gestapochef Ernst Kaltenbrunner as well as his wife, his mistress, and his children. Kaltenbrunner had fled into the nearby mountains, but was captured by American soldiers and then tried and convicted at Nuerenberg.

After the war, there were some important events regarding our Austrian past. My father tried to recover his lost funds, but, despite being in the unusual position of having original documents, his request for *wiedergutmachung* was denied by the Austrian government which stated that the funds had been sent to the Gold Discount Bank in Berlin, while the German government claimed to never have received the funds. Currrently available documents reveal the fate of those funds.

So while Family Mautner-Markhof offered to resell to my father his share of the family firm, *Hauser und Sobotka*, and Hans Petschek offered to sell the Bürglgut back to my father as well, my father could not afford to re-purchase either one. Having arrived penniless in the US in late 1938, he could not possibly have earned enough during the war years to make the fortune necessary to make even one of the purchases before him. My parents even traveled to Austria in an effort to re-solve matters. After some negotiations, Manfred von Mautner-Markhof, who had been a friend of my father's since before the war, paid him a small sum of money in recognition of the fact that he had paid far less than market value for *Hauser und Sobotka* when he acquired it in 1938. The funds received were insufficient to pay even for my parents modest home in Chicago.

On subsequent trips to Europe, I continued over the years to visit Austria, and specifically Strobl and the Bürgl, and thus was able to observe first hand the good use to which the property had been put. A number of other family members continue to visit, as do many whose first taste of freedom after the war was at the Bürglgut while they were still children being looked after by ORT. On a visit there in 1967, Eva and Hans Petschek rented a house in Unterach belonging to the grandson of the last Austrian Kaiser. On that visit, Eva, Hans, and I discussed the fact that, after it had been determined that my father was unable to re-purchase it, they had sold the Bürglgut to the Austrian Republic for a little more than one half of its value as appraised by the governments of Salzburg and Oberoesterreich. We also discussed the fact that the sale had been made with the understanding that it would be put to a public use. In that use, it would serve both as an appropriate memorial of the Holocaust, and even more important, as an educational institu-tion for adults and young people in which they would study in the hope that there never again would be a period such as we had gone through. We all agreed that we were pleased with how things had turned out there.

Hans and Eva have since died, but in recent years, my family and I have re-turned to Strobl for several visits. We have good friends there and have watched with great pleasure the improvements to the physical property, as well as the edu-cational program offered there. We have an American friend here in the US who studied at the Bürglgut as a young man. His view of Austria remains colored by fond memories of his time there. Several of our friends from Strobl have visited us in the US, and have participated in our life here. I have been blessed with children who are now young teenagers. On our last visit there, they were 11 and 13 years old. I was 12 when I left, and it was a very moving experience to share with them at that age the place that I had loved so well.

For all of our satisfaction with the Bürgl's recent history, we are keenly aware that its continued use as an educational beacon is threatened. Apparently the political situation in Austria is such that there no longer is the assurance that the current use of the Bürgl as the *Bundesinstitut für Erwachsenenbildung* will continue. Such a conversion would constitute a serious breach of the intentions expressed both by the representatives of the Austrian State and by Hans Petschek at the time that he sold the property for a fraction of its then appraised value. Recall that my father would have been happy to buy it, had he received the restitution of the funds that had been withheld from him. These very funds are still due to my sister and me and there is absolutely no reason for the Austrian government not to ensure both that the funds due us be paid, and that the Bürgl continue in its best public use as the *Bundesinstitut für Erwachsenenbildung*. Surely, profiting from the conversion of the Bürglgut, no matter how that is done, while at the same time not restoring the confiscated funds to us, cannot be justified.

Neither we, nor the Austrian authorities, can have all of our wishes fulfilled. However, the wish of the Sobotka and Petschek families that the Bürgl serve both as a memorial and as a model was more than a wish, it was a condition of the transfer of ownership in 1955. In the same vein, the *Beschlagnamt* funds, about which there can be no question, are still an outstanding debt due my sister and me. The views of your government regarding the issues discussed in this letter probably differ from those expressed in this letter. And we would prefer for us to conclude this matter quickly and amicably, and to avoid finding ourselves engaged in public controversy. Hopefully you agree with that wish. To that end, I offer to meet with you, or your designee, here in Washington, or in Vienna, or in Strobl. I would prefer to do that in the same spirit of good will that has prevailed in the past. My wife, Trina von Rosenvinge-Sobotka, will be in France March 27 to April 3 attending an international conference, *Forum 21*, at the Hôtel du Golf in Deauville, and the in Paris. I shall not be there, but she can act on my behalf, and will have a copy of this letter with her. Please contact me if a meeting with her would be helpful.

In conclusion, please keep in mind that the *Bundesinstitut für Erwachsenenbildung* is not just a reminder of a difficult past that one might wish to, but cannot, forget. Its mission speaks so eloquently of that which is best in the Austrian people, that I cannot imagine that anyone in Austria who is aware of Austria's current role, and especially the regard others in the world now have for Austria could possibly wish for its mission to come to an end, especially under such a cloud. As a model of hope and in the service of what is best of Austria the *Bundesinstitut für Erwachsenenbildung* must continue in its mission.

I have taken the liberty of including some items that I hope will help you understand the depth of my family's affection and connection to Austria and, more specifically, to the Bürglgut. Included are pictures from my family photo albums – from the Bürgl, and from my father's time in the army, including his medals; a picture of my Grandparents and their children and grandchildren, my father is the little boy behind the table next to my grandmother; and some pages from the family's guest book. Information relating to the *Beschlagnahmt* funds can be obtained through Herr Dr. Karl Kuprian, Kaiser-Franz-Josef-Strasse 16, 4820 Bad Ischl.

I look forward to hearing from you.
Sincerely,
(Stephen Sobotka's signature)

Barbara Litsauer

Erwachsenenbildung nach 1945 im Spiegel der Zeitungsberichterstattung – Von der „Volksbildung" zur „Investitionsentscheidung für Unternehmen"

Das Thema Erwachsenenbildung findet sich in der Berichterstattung der österreichischen Printmedien nach 1945 mehrfach wieder. Ein besonderer Schwerpunkt der folgenden Untersuchung lag auf Erwachsenenbildung und deren Organisationen auf Bundesebene. Im Wesentlichen wurden dafür die Zeitungen *Der Standard*, *Kurier*, *Die Presse*, *Wiener Zeitung* und *Arbeiter-Zeitung* durchsucht.[1]

Auffallend ist der über Jahrzehnte hinweg auftretende Politiker-Bezug in den gefundenen Zeitungsartikeln, wie beispielsweise Ankündigungen politischer Akteure über Erwachsenenbildung als Gegenmittel drohender Arbeitslosigkeit.[2] Hingegen Aussendungen von Parteien zu dem Thema wie auch Ankündigungen der Mitglieder der Konferenz der Erwachsenenbildung Österreichs (KEBÖ), also Volkshochschulen (VHS), Ring Österreichischer Bildungswerke (RÖBW), Berufsförderungsinstitut (BFI), Wirtschaftsförderungsinstitut (WIFI) etc., verhallen gewöhnlich eher in der Berichterstattung der Zeitungen. So findet man in

---

1 Die Auswahl der fünf Zeitungen sollte inhaltlich ein breites Spektrum abdecken: von der Berichterstattung der Sozialistischen Partei – der Arbeiter-Zeitung – über das bürgerlich-konservative Lager der Presse bis hin zum anfangs eher als Boulevardblatt einzuordnenden Kurier sowie dem amtlichen Veröffentlichungsorgan Wiener Zeitung und dem erst in den späten 80ern gegründeten links-liberalen Standard. Ab den 90er Jahren bezieht sich der Artikel auf die Berichterstattung von Standard, Kurier und Presse (Printausgaben).

2 In diesem Aufsatz werden Zeitungsartikel bearbeitet, die den Begriff „Erwachsenenbildung" enthalten. Außerdem wird zwischen inhaltsrelevanten und nicht inhaltsrelevanten Artikeln unterschieden. Inhaltsrelevante Artikel haben das Thema Erwachsenenbildung zum mehrheitlichen Inhalt. Dabei kann es sich um Beiträge politischer Akteure oder um das Thema Erwachsenenbildung(-seinrichtungen) an sich handeln. Nicht inhaltsrelevante Artikel erwähnen Erwachsenenbildung nur am Rande – dazu gehören beispielsweise Berichte über Persönlichkeiten, die unter anderem auch in der Erwachsenenbildung tätig sind, Veranstaltungsankündigungen, Ortsbezeichnungen – die konfessionellen Erwachsenenbildungsinstitutionen sind in dieser Kategorie besonders oft zu finden, während sie in inhaltsrelevanten Artikeln eher selten vorkommen.

den ersten Jahrzehnten nach 1945 hauptsächlich Stellungnahmen, Vorhaben oder Forderungen von Politikern zur Erwachsenenbildung, während Berichte über die Institutionen selbst eher spärlich gesät sind. Wies beispielsweise die Wiener Volksbildung 1955 im Volksbildungshaus Margareten auf die Vervierfachung an Kurshörern seit den vorhergegangenen zehn Jahren, die vom Wiederaufbau der Bildungshäuser geprägt waren,[3] hin, berichteten darüber weder *Presse, Kurier* noch *Wiener Zeitung*. Zwischen 1955 und 1970 existieren über 300 Pressemitteilungen dieser Art, die nur selten in den Print übernommen wurden. Ein Beispiel bietet hier die Pressekonferenz der Wiener Volkshochschulen im Jahr 1961: Einberufen vom Präsidenten des Verbandes Wiener Volksbildung, dem Nationalratsabgeordneten Karl Mark (SPÖ), wurde sie genauso wie ihre Agenturmeldung von den bearbeiteten Zeitungen ignoriert.[4] Handelte es sich hingegen um Veranstaltungen mit höherer Politikerpräsenz, die den Themenbereich Bildungsreform zum Inhalt hatten, veröffentlichten die Zeitungen sogar Eigenberichte. So geschehen 1969 bei der Enquête über „Erwachsenenbildung als Teil der Bildungsreform", die von Unterrichtsminister Mock veranstaltet wurde, bei der Vertreter von Bund und Ländern sowie Beamte, Professoren und Vertreter der Bildungseinrichtungen mitwirkten.[5] Der *Kurier* ließ hier den teilnehmenden Erziehungswissenschafter Prof. Marian Heitger zu Wort kommen, der Menschen mit Pflichtschulbildung im gemeinschaftlichen Leben eher gefährdet sah: „Besonders gefährlich wäre er aber als Staatsbürger. Denn eine ‚politische Niete' neigt je nach Temperament zur Gleichgültigkeit oder Anarchie."[6]

Im Vorfeld der Gesetzwerdung der Förderung von Erwachsenenbildung mehrten sich die Übernahmen der Agenturmeldungen beziehungsweise Parteiaussendungen. Hier handelte es sich aber kaum um kritische Reflexionen von journalistischer Seite her, sondern man beschränkte sich vielmehr auf zusammenfassende Kurzmeldungen. So berichtete beispielsweise die *Presse* 1972 über die

---

3 Vgl. APA: anlaesslich des zehnjährigen bestandes der wiener volksbildung. Agenturmeldung vom 19.9.1955

4 Vgl. APA: Montag, den 18. September beginnt in den Wiener Volkshochschulen das Wintersemester. Agenturmeldung vom 14.9.1961

5 Vgl. Bildungsplan für Erwachsene. Mock entwickelt Plan für permanente Weiterschulung. In: Die Presse (Wien), 11.12.1969, S. 2; vgl. Das ganze Leben für das Leben lernen. In: Wiener Zeitung (Wien), 11.12.1969, S. 5; vgl. Coudenhove-Kalergi, Barbara: Lebenslänglich in die Schule. Politiker und Experten berieten „Erwachsenenbildung als Teil der Bildungsreform". In: Arbeiter-Zeitung (Wien), 11.12.1969, S. 3

6 Steinhauser, Karl: Davon träumen die Erwachsenenbildner: Schulpflicht bis 65. Lebensjahr. In: Kurier (Wien), 11.12.1969, S. 2

Planung des betreffenden Initiativantrags, der im März des Jahres im Nationalrat eingebracht worden war.[7] Auch das Vorhaben von Unterrichtsminister Fred Sinowatz, ein Institut für politische Bildung ins Leben zu rufen und die Erwachsenenbildung mittels des Ersten Budgetüberschreitungsgesetzes mit zusätzlichen 25 Millionen Schilling zu fördern, wurde in die Berichterstattung der Zeitung aufgenommen.[8] Themen, über die auch die parteinahe *Arbeiter-Zeitung* in ausführlicher Form berichtete.[9] Nach der einstimmigen Annahme des Erwachsenenbildungsförderungsgesetzes 1973 berichteten am 22. März *Wiener Zeitung*, *Neuer Kurier* und die *Arbeiter-Zeitung* über den Gesetzesbeschluss. Lediglich die *Presse* reduzierte ihre Meldung auf die ebenfalls im Nationalrat thematisierte Ablehnung des ÖVP-Antrags auf Hilfeleistungen für Vietnam in Form von Trockenmilchlieferungen und die Diskussion um die Lehrerbesoldung.[10] Der *Neue Kurier* wies auf angebliches Desinteresse der Abgeordneten gegen Ende der Plenarsitzung hin: „Geringes Interesse. Für die ‚Bildungspunkte' der Tagesordnung herrschte leider geringeres Abgeordneteninteresse. … Erwachsenenbildungsgesetz. Auch hier wenig Echo im Hohen Haus, das damit die betrübliche Feststellung des Meinungsforschers Abg. Blecha (SP) bestätigte: ‚In den westlichen Ländern bilden sich nur fünf Prozent der Bevölkerung weiter.'"[11] Die *Wiener Zeitung* beschränkte sich in ihrer Darstellung eher auf die deskriptive Beschreibung der Stellungnahmen der dritten Lesung,[12] während in der *Arbeiter-Zeitung* der Abgeordnete Blecha nochmals zu Wort kam: „Das Gesetz sei wichtig, weil die Erwachsenenbildung ohnehin unter der Konkurrenz einer profitorientierten Freizeitindustrie zu leiden hat. Es trage dazu bei, den Bürger durch Weckung seines kritischen Demokratiebewußtseins vor der Manipulation des Fernsehens zu schützen."[13]

---

7   Vgl. ÖVP. Erwachsenenbildung. In: Die Presse (Wien), 1.3.1972, S. 2

8   Vgl. Schulbuchaktion kostet 545 Millionen. Sinowatz: Detailbeträge werden erst errechnet – Institut für politische Bildung in Planung. In: Die Presse (Wien), 24.3.1972, S. 2

9   Vgl. Volkshochschule: Burgenländisches Modell. Sinowatz: Mittel für Erwachsenenbildung 1972 auf 50 Millionen S aufgestockt – In Kürze Förderungsgesetz. In: Arbeiter-Zeitung (Wien), 24.3.1972, S. 3

10 Vgl. Parlament gegen Vietnamhilfe. Kritik an Lehrerbesoldung. In: Die Presse (Wien), 22.3.1973, S. 2

11 Bauernzorn wogte durch das Parlament. Sturm auf drei Ebenen: Fragestunde, Dringliche Anfrage, Antrag. In: Neuer Kurier (Wien), 22.3.1973, S. 2

12 Erwachsenenbildung wird gefördert. In: Wiener Zeitung (Wien), 22.3.1973, S. 2

13 Die größte Hilfe – zur rechten Zeit. Vietnamantrag der VP abgelehnt – Mehr Bundesmittel für Erwachsenenbildung. In: Arbeiter-Zeitung (Wien), 22.3.1973, S. 2

In den 80er Jahren setzte sich die politikerbezogene Berichterstattung in Zusammenhang mit Erwachsenenbildung fort. So präsentierte Unterrichtsminister Fred Sinowatz seinen „Entwicklungsplan für Erwachsenenbildung", der mit den Bundesländern ausgearbeitet werden sollte. Die *Wiener Zeitung* wies auf die gesicherte Finanzierung von zwei Millionen Schilling hin,[14] während die *Presse* den geplanten Einsatz von Pflichtschullehrern in der Erwachsenenbildung in den Mittelpunkt rückte.[15] In der *Arbeiter-Zeitung* findet sich, wie in den ersten vier Jahrzehnten nach Kriegsende eher selten vorhanden, ein Kommentar zum Thema: „Erwachsenenbildung ist kein Schlagwort: Abgesehen von dem Aspekt, daß Bildung für den einzelnen als Bereicherung seiner Persönlichkeit und daher um der Bildung und nicht der Vermarktung willen, ein höchst persönliches Recht sein muß, zwingt uns eine Welt, die sich unerhört rasch verändert, dazu, weiterzulernen. ..."[16] Vier Jahre später stellte Unterrichtsminister Zilk seinen Erwachsenenbildungsplan, mit dem Schwerpunkt auf Projekten des zweiten Bildungswegs und der Betonung auf Freiwilligkeit in puncto Teilnahme, vor. Während *Kurier* und *Presse* das Thema nicht aufgriffen, übernahm die *Arbeiter-Zeitung* die SP-Pressemeldung. Die *Wiener Zeitung* brachte einen Eigenbericht mit Fokus auf den Zugang für Absolventen der Berufsreifeprüfung zu den Pädagogischen Akademien: „,Sie haben recht, das ist unlogisch', bestätigte Donnerstag abend bei einer Veranstaltung Unterrichtsminister Dr. Helmut Zilk der *Wiener Zeitung* ... Das ist sicher ein Widerspruch, man muß das diskutieren ..."[17] Im selben Jahr meinte Zilk, von Journalisten auf die drohende Lehrerarbeitslosigkeit angesprochen, dass es gelungen sei, neben 2300 Lehrern in den Schulen auch 250 Lehrer in der Erwachsenenbildung unterzubringen.[18] Ein Ergebnis der „Aktion Stellenlose Lehrer in der Erwachsenenbildung", die bereits zuvor von dem SPÖ-Abgeordneten Heinz Grabner gegenüber der Presse angedeutet wurde.[19]

14 Erwachsenenbildung nach Plan. Unterrichtsminister kündigte Entwicklungskonzept an. In: Wiener Zeitung (Wien), 24.6.1980, S. 6
15 Sinowatz: Pflichtschullehrer für die Erwachsenenbildung. In: Die Presse (Wien), 24.6.1980, S. 4
16 Lehrerfortbildung. In: Arbeiter-Zeitung (Wien), 24.6.1980, S. 2
17 Zilk, Helmut in Schlemmer, Alfred: Statt Hänschen lernt es nun Hans: Ein „zweites Tor" zur Universität. Dr. Zilk: Berufsreifeprüfung ab 1985/86 neu – Erwachsenenbildungsplan fertig. In: Wiener Zeitung (Wien), 9.6.1984, S. 5
18 Vgl. APA: Regierungstagung 9. Nicht jeder Student eines Lehrberufes wird Stellung erhalten. Agenturmeldung vom 12.1.1984
19 Vgl. APA: Budgetdebatte 10. Grabner ueber Sport und Erwachsenenbildung. Agenturmeldung vom 13.12.1983

„Berufsverbot" für Junglehrer und das Schafott jedes Politikers

In den 90er Jahren gestaltete sich die Berichterstattung über Erwachsenenbildung eher zurückhaltend. Auch der *Standard* beschäftigte sich in eher überschaubarem Ausmaß mit dem Thema. So wurde im Zeitraum zwischen September 1990 bis Ende 1999 der Begriff Erwachsenenbildung in 247 Artikeln erwähnt, davon entfiel knapp die Hälfte auf nicht inhaltsrelevante Artikel.[20] Es blieben 130 Artikel im Zeitraum von zehn Jahren, die sich explizit mit der Erwachsenenbildung im Zusammenhang mit einer Bildungseinrichtung, Maßnahmen gegen Arbeitslosigkeit beziehungsweise Weiterbildung, Stellungnahmen oder Forderungen politischer Akteure u. Ä. befassten. So kam im wirtschaftlichen Kontext beispielsweise Wirtschaftsforscher Norbert Geldner zu Wort, der im Hinblick auf Jobverluste unter älteren Arbeitnehmern forderte, „die Wissensentwertung bei den heute Arbeitenden zu stoppen und in den nächsten zehn bis 15 Jahren endlich in die Erwachsenenbildung zu investieren".[21] Das Unterrichtsministerium kümmere sich um die Ausbildung der Schüler, darauf folge das Wissenschaftsministerium als zuständige Stelle für den weiteren Bildungsweg. Arbeitslosigkeit in späteren Jahren ende allerdings beim AMS, das an sich keine „Bildungsagentur" sei.[22] Andere Kritik seitens des Leiters der AMS-Förderabteilung, Franz Weinberger, ging in Richtung der Verwendung von EU-Fördermitteln, den „Ziel-4-Geldern". Demnach würden Erwachsenenbildungseinrichtungen der Sozialpartner wie das WIFI von den Förderungen profitieren, der eigentliche Zweck der Unterstützung würde aber von dieser Stelle nicht erfüllt. Der Europäische Sozialfonds (ESF) und das AMS sponserten seit dem österreichischen EU-Beitritt Kurse mit, allerdings würden damit nicht Arbeitnehmer in prekären Anstellungsverhältnissen, sondern eher Mitarbeiter in höheren Positionen fortgebildet. Auch die als Ziel formulierte Frauenförderung greife nicht, da von 72 000 Schulungsfällen lediglich 23 000 Frauen betrafen.[23] Weniger als die Hälfte der inhaltsrelevanten Artikel, also weniger als ein Viertel der Gesamtsumme der Artikel mit der Nennung von Erwachsenenbildung, berichteten über Standpunkte, Neuigkeiten oder die Forderungen der Vertreter der Erwachsenenbildungseinrichtungen. So wurde beispielsweise 1991 über die Jahrestagung der KEBÖ berichtet, wonach bis 1996

---

20 Vgl. Fußnote 2.
21 Geldner, Norbert in Ninz, Lydia: Ständige Fortbildung als Mittel gegen späteren Jobverlust. In: Der Standard (Wien), 19.1.1999, S. 18
22 Vgl. Ninz, Lydia: Ständige Fortbildung als Mittel gegen späteren Jobverlust. In: Der Standard (Wien), 19.1.1999, S. 18
23 Vgl. Ninz, Lydia: Geldfluß von Brüssel nach Wien hat sein Ziel weitgehend verfehlt. In: Der Standard (Wien), 9.5.1998, S. 35

eine jährliche Erhöhung der Geldmittel um 25 Prozent gefordert wurde. Bernhard Ingrisch, damals scheidender KEBÖ-Vorsitzender, beklagte, dass nur zehn Prozent der Mitarbeiter der Verbände hauptberuflich tätig seien.[24] Kurz zuvor sagte Unterrichtsminister Rudolf Scholten im *Standard* eine Erhöhung der Förderung innerhalb der Bundesfinanzierung zu und erachtete damit die bevorstehenden Forderungen der KEBÖ als erfüllt. „Der traditionell stiefmütterlich behandelte Bereich der Erwachsenenbildung muß auf neue Beine gestellt werden", so Scholten.[25] Direkte Stellungnahmen von Politikern zum Thema Erwachsenenbildung lassen sich im untersuchten Datenmaterial meist in Zusammenhang mit Budgetmitteln, Vorsatzerklärungen und in Reaktionen auf Forderungen der Erwachsenenbildner finden. 20 Prozent der inhaltsrelevanten Artikel des *Standard*, also 25 Meldungen innerhalb der 90er Jahre, beinhalten solche Stellungnahmen. Als weiteres Beispiel sei hier noch das Reformvorhaben der Regierung Vranitzky/Riegler für den Unterricht erwähnt. „Fachakademien" sollten laut Koalitionsabkommen die Alternative für das Universitätsstudium sein, deren Zuständigkeitsbereich Erhard Busek für das Wissenschaftsministerium reklamierte.[26] Die Bestrebungen der Koalitionsverhandler fokussierten also offenbar eher auf die Spitzenförderung im Erwachsenenbereich, nicht so sehr im Sinne einer Förderung der sogenannten bildungsfernen Bevölkerungsgruppen. Die Idee für Fachakademien kam in *Presse* und *Standard* noch vereinzelt auf,[27] bis Busek 1991 gegenüber dem *Standard* meinte, dass dafür noch kein Zeitplan vorhanden und dies wohl „das Schafott jedes Politikers"[28] sei. Letztendlich hätte die Idee als angeblicher Vorläufer der Fachhochschulen in abgeänderter Form 1994 in das Koalitionspapier Eingang gefunden.[29]

In den 90er Jahren legte *Die Presse* ihren inhaltlichen Schwerpunkt in puncto Erwachsenenbildung auf den Einsatz joblos gebliebener Junglehrer. Die Zeitung

---

24 Vgl. APA: Erwachsenenbildner wollen stärker gefördert werden. In: Der Standard (Wien), 17.5.1991, S. 5

25 Vgl. Geld für Erwachsenenbildung. Scholten fördert Projekte zum Thema „Multikulturelles Lernen". In: Der Standard (Wien), 14.5.1991, S. 9

26 Vgl. Spudich, Helmut: SP-VP vereinbaren neuen Schultyp. In: Der Standard (Wien), 26.11.1990, S. 6

27 Vgl. Busek: Nagelprobe für die Universitäten. In: Der Standard (Wien), 5.1.1991, S. 1; vgl. Widerstand gegen große Koalition. In: Der Standard (Wien), 23.11.1990, S. 7

28 Busek, Erhard in: Busek will internationale Forschungsstätte schaffen. In: Der Standard (Wien), 23.2.1991

29 Vgl. Witzmann, Erich: Universitäten und Schulen: Wo blieb die Lehrplan- und Stundenkürzung? In: Die Presse (Wien), 3.8.1994, S. 6

berichtete in den 90er Jahren mit Abstand am öftesten über Erwachsenenbildung im Vergleich zu *Standard* und *Kurier*. Mehr als die Hälfte der inhaltsrelevanten Artikel, von insgesamt 165 innerhalb des Jahrzehnts, berichteten entweder über Erwachsenenbildung an sich oder über eine ihrer Einrichtungen. In 15 Prozent der Artikel war eine Äußerung oder Forderung eines Ministers oder Politikers Grund der Veröffentlichung. Inhaltlich erstreckte sich die Berichterstattung über ein breites Spektrum: Über die Forderungen des ÖGB nach bezahltem Bildungsurlaub und die gesetzliche Integration der Erwachsenenbildung „als drittes Standbein in das Gesamtbildungssystem"[30] oder die Finanzierung 714 multikultureller Projekte, die das Unterrichtsministerium mit 20 Millionen Schilling aus dem Topf für Erwachsenenbildung finanzierte.[31] Auch von den Forderungen der KEBÖ nach einer „konzertierten Aktion Weiterbildung" für eine gestärkte Zusammenarbeit von Gebietskörperschaften und Weiterbildungsinstitutionen wurde berichtet.[32] Die Forderungen an Bundesministerin Gehrer gingen damals vom Vorsitzenden der KEBÖ, Herwig Schmidbauer vom WIFI, in die Richtung der staatlichen Unterstützung in Form von steuerlicher Begünstigung der Kurskosten, auch um der Abwesenheit von Personen mit geringer Schulbildung entgegenzuwirken. Die Unterrichtsministerin zeigte sich angeblich verständnisvoll, dennoch „werden wir das nicht so schnell erreichen können"[33], so Gehrer damals. Kritische Stimmen gegen Reformprojekte des Unterrichtsministeriums las man in der *Presse* aber auch 1997 bezüglich der Berufsreifeprüfung für den Zugang zu den Universitäten, die im Kursangebot der Volkshochschulen und anderen Institutionen der Erwachsenenbildung aufschienen. Fehlende Ausführungsbestimmungen und Berechtigungen waren einerseits das Problem, so die Landesschulbehörden. Andererseits hätte das per Initiativantrag ins Parlament eingebrachte betreffende Gesetz keine Begutachtungsphase durchlaufen, was das Ministerium mit dem Konsens seitens der Sozialpartner erklärte.[34] Ein Thema, von dem auch der *Kurier* berichtete, wenn auch eher im Bezug auf parteiinterne Kritik des Gesetzes, da laut VP-Bildungsexpertin Brinek das Einbeziehen von Lehrlingen in den Universitätsbetrieb aus

---

30 Erwachsene auf Schulbank. In: Die Presse (Wien), 7.9.1991, S. 5

31 Vgl. Haß im Keim ersticken. In: Die Presse (Wien), 8.11.1991, S. 5

32 Vgl. Erwachsenenbildung kämpft um Image. Im Europa-Jahr des lebensbegleitenden Lernens kämpft Österreichs Erwachsenenbildung um einen neuen Stellenwert. In: Die Presse (Wien), 8.10.1996, S. 19

33 Gehrer, Elisabeth in: Gehrer: Weniger Schule, mehr lebenslanges Lernen. In: Die Presse (Wien), 1.10.1996, S. 7

34 Vgl. Eine dünne Variante der Reifeprüfung. Zur Berufsreifeprüfung melden sich erste Kritiker zu Wort. In: Die Presse (Wien), 24.10.1997, S. 8

den Hochschulen einen „Verschiebebahnhof für Bildungsziele" machen würde. Eine Einladung zum Studium an alle hätte – laut Brinek – mehr arbeitslose Akademiker zur Folge.[35]

Die Berichterstattung über Erwachsenenbildung des *Kurier* in den 90ern ist ähnlich breit gefächert wie bei *Standard* und *Presse*, mit dem auffallenden Unterschied, dass in den Regionalausgaben der Zeitung vermehrt über bundesländerspezifische Entwicklungen und Neuheiten geschrieben wurde. In diesem Bereich ging es meist um die Verleihung von Landespreisen, neuen Kursangeboten der Volkshochschulen oder erwachsenenbildungspolitische Initiativen von Landesräten oder Landeshauptleuten. Hier bildeten neben Wien Tirol und das Burgenland quantitativ die Spitze an Meldungen, von Vorarlberg und Kärnten liest man hingegen am wenigsten. In Tirol setzte VP-Kulturlandesrat Astl beispielsweise Akzente in der Erwachsenenbildung im Bereich der Gesundheitsvorsorge oder durch die Erweiterung des Angebots der Volkshochschule.[36] Der damalige AK-Präsident Fritz Dinkhauser lud 1996 alle Tiroler Erwachsenenbildungsvereine zu einer gemeinsamen „Weiterbildungsplattform" ein, die laut Erwin Niederwieser, bildungspolitischer Leiter der Arbeiterkammer (AK), vom Land übernommen werden sollte. Niederwieser betonte bei der Gelegenheit, dass die AK jährlich 40 Millionen Schilling investiere, während der Beitrag des Landes zwischen drei und vier Millionen betrage.[37] Das Tiroler Bildungsinstitut (TBI) wurde dann tatsächlich 1998 von Landesrat Astl präsentiert, dessen Hauptverantwortlicher, Franz Jenewein, den Schwerpunkt auf die „Ausbildung der Ausbildner" legte, wofür ein Hochschullehrgang an der Uni Innsbruck für pädagogische Mitarbeiter in der Erwachsenenbildung eingerichtet wurde.[38] In den burgenländischen Ausgaben wurde Erwachsenenbildung zu einem großen Teil als alternatives Betätigungsfeld in Zusammenhang mit dem so bezeichneten „Berufsverbot"[39] für Junglehrer, also dem Überangebot von Studienabgängern des Lehramts am Arbeitsmarkt, thematisiert. Weitere Meldungen berichteten über Fortbildungspreise, Kulturberichte

---

35 Vgl. Kadi, Manfred: Mehr Unglück als Nutzen. Rektorenchef Skalicky urteilt skeptisch über Hochschul-Zugang für Lehrlinge. In: Kurier (Wien), 9.5.1997, S. 2
36 Vgl. Tirol sorgt für Erwachsene. Neue Wege im Bildungsangebot. In: Kurier (Tirol), 8.5.1992, S. 18
37 Vgl. Bildung ist das beste Kapital – auch für Tirol. In: Kurier (Tirol), 11.9.1996, S. 12
38 Vgl. Tiroler Bildungsinstitut: Jetzt eines für alle. In: Kurier (Tirol), 29.1.1998, S. 10
39 Wenzl, Reinhard: Immer mehr Lehrer finden keinen Job. Lage wird sich in den nächsten Jahren nicht verbessern. In: Kurier (Burgenland), 3.9.1996, S. 10

durch den Landesrat, Informationskampagnen der Burgenländischen Konferenz der Erwachsenenbildung (BUKEB) und dergleichen.[40]

Bildungsschecks und Investitionsentscheidung für Unternehmen

Die Berichterstattung des *Standard* über Erwachsenenbildung in den 2000er Jahren ist zahlenmäßig gesehen zwar etwas höher, inhaltlich erscheinen aber weniger Artikel mit direktem Bezug zur Erwachsenenbildung oder einer ihrer Institutionen an sich. Auch die Statements der parteipolitischen Akteure und Körperschaften sind im Vergleich zum Vorjahrzehnt um etwa ein Drittel zurückgegangen. Der Schwerpunkt der inhaltlichen Berichterstattung lag vor allem im Themenbereich der Weiterbildung zur Erhöhung der beruflichen Qualifikation, mit merklicher bildungsökonomischer Schlagseite. So erklärte Michael Landertshammer, Leiter des WIFI Österreich, dass die Erwachsenenbildung in den Europäischen Qualifikationsrahmen (EQR), der eine Vergleichbarkeit europäischer Lernabschlüsse und Lernergebnisse aufgrund eines einheitlichen Schemas ermögliche, mit einbezogen werden sollte.[41] Ein Jahr zuvor forderte Landertshammer öffentliche Subventionen, um die Motivation zur Weiterbildung zu erhöhen. Dazu würden „Bildungsschecks oder gefördertes Bildungssparen" Anreize bieten. Eine Rechnung der Wirtschaftskammer kam auf 2,4 Milliarden Euro, die für Erwachsenenbildung ausgegeben würden, wobei der Großteil von Unternehmen oder Privatpersonen geleistet wurde. Lediglich vier Prozent des Bildungsbudgets flossen weiter in die Erwachsenenbildung, so damals im *Standard* zu lesen.[42] Der Grundtenor blieb dauerhaft ähnlich, auch als Landertshammer ein anderes Mal anmerkte, dass „Weiterbildung – ehemals mit dem ‚Belohnungsaspekt' belegt – immer mehr zur Investitionsentscheidung auch für Unternehmen werde".[43] In

---

40 Vgl. Fortbildungspreis geht erneut ins Burgenland. Auszeichnung für Projekt der Volkshochschulen. In: Kurier (Burgenland), 3.12.1999, S. 10; vgl. Eiweck, Susanne: Kulturförderung: Millionen für Vielfalt, Bildung und Frauen. In: Kurier (Burgenland), 14.10.1999, S. 10; vgl. Altmann, Gerhard: BUKEB bahnt Weg durch den Bildungsdschungel. Kostenlose Information für Erwachsenenbildung. In: Kurier (Burgenland), 8.11.1998, S. 10

41 Vgl. Madlener, Bernhard: Qualifikationen durchschaubar machen. In: Der Standard (Wien), 31.10.2009, S. K12

42 Vgl. Ostermann, Gudrun: Nachfrage geht nicht zurück. In: Der Standard (Wien), 6.9.2008, S. K44

43 Knett, Hannes in Investition: Aus- und Weiterbildung. In: Der Standard (Wien), 13.1.2007, S. B3

einem gemeinsamen Interview im Jahr 2004 war es hingegen Hannes Knett, Leiter
des WIFI-Netzwerks und Vorsitzender der KEBÖ, wichtig, zu betonen: „Neben
der beruflichen Weiterbildung ist auch die allgemeine Erwachsenenbildung, die
weit tiefer geht, von großer Bedeutung."[44]

Die *Presse* veröffentlichte auch in den 2000er Jahren im Vergleich zu *Standard*
und *Kurier* die meisten Artikel mit dem Thema Erwachsenenbildung, darunter
findet sich auch der größte Anteil an Meldungen zu den EU-Förderprogrammen.
Berichtet wurde insbesondere über das Inkrafttreten dreier EU-Bildungsprogram-
me, darunter Sokrates II, worunter auch das Teilprogramm Grundtvig, das den
Bereich der Erwachsenenbildung abdeckt, fiel. Im Vergleich zu Sokrates I sollte
der Schwerpunkt, der vormals auf den Bildungsprogrammen der Universitäten
lag, verlagert werden. Für Grundtvig wurden die Fördermittel verdreifacht – auf
sieben Prozent der vorgesehenen Finanzmittel. Auch der Bereich der beruflichen
Bildung und Weiterbildung wurde verstärkt gefördert: wie bei Sokrates II gab es 31
teilnehmende Staaten. Für sieben Jahre stand ein Budget von 1,15 Milliarden Euro
bereit. Für Sokrates II wurden 1,85 Milliarden Euro vorgesehen.[45] Gegen Ende
der 2000er Jahre wies die *Presse* in diesem Zusammenhang auf die Auszeichnung
eines österreichischen Bildungsprojekts im Rahmen des Grundtvig-Programms
„Uniting Europe through Cultures – UNEC" hin.[46]

Andere behandelte Themen dieses Zeitraums sind die Budgetkürzungen und
die Kompetenzverteilung im Bildungsbereich. Die damalige Präsidentin des
Rings Österreichischer Bildungswerke, Liese Prokop, wehrte sich 2004 gegen
das Vorhaben, dass Erwachsenenbildung künftig ausschließlich Sache der Länder sein sollte. Gesetzgebung und Finanzierung von Dachverbänden gehörten
in die Hände des Bundes. Außerdem merkte die Präsidentin an, dass im Vergleich zum Jahr 1998 die Subvention des RÖBW von 760 000 auf 596 000 Euro
gekürzt worden sei. Andere Einrichtungen der Erwachsenenbildung wie WIFI,
BFI oder auch die Volkshochschulen erhielten mehr Unterstützung. Außerdem
betonte Prokop den Unterschied zur berufsbildenden Erwachsenenbildung: „Es
gibt auch eine andere Erwachsenenbildung, die für die Lebensqualität und für

---

44 Knett, Hannes in Raftl, Matthias: Jeder entscheidet selbst über seine Weiterbildung. In:
    Der Standard (Wien), 9.10.2004, S. C30
45 Vgl. Sokrates und Leonardo da Vinci. Startkonferenz für EU-Studien. In: Die Presse
    (Wien), 8.3.2000, S. 27
46 Vgl. Europa-Vorreiter. Österreichisches Bildungsprojekt ausgezeichnet. In: Die Presse
    (Wien), 21.6.2008, S. 11

die Persönlichkeitsentwicklung sehr wichtig ist", so Prokop.[47] In eine ähnliche Kerbe schlug 2006 auch Wilhelm Filla, damals Generalsekretär des Verbandes Österreichischer Volkshochschulen und turnusmäßiger Vorsitzender der KEBÖ, der bei deren Jahrestagung inhaltlich den Finger vor allem auf die Zertifizierung informellen Wissens legte. Dabei spiele die EU als eine der wichtigen Förderinnen der Erwachsenenbildung eine bedeutende Rolle – die Standardisierung der Zertifizierung informell erworbener Kompetenzen stehe allerdings vor dem Problem einer europäisch heterogenen Bildungslandschaft: „Es beginnt schon bei der Sprache. In Österreich wird informelles Wissen oft ehrenamtlich erworben. Dieser Begriff existiert in vielen Sprachen nicht", so Filla.[48] Das Thema der von den Erwachsenenbildungsinstitutionen geforderten Zertifizierung tauchte auch in späteren Artikeln bis Ende der 2000er Jahre auf, da auch der Verband Österreichischer Volkshochschulen (VÖV) immer stärker auf die Formulierung von Zertifizierungsmaßstäben drängte.[49] Allerdings blieb es in diesem Jahrzehnt bei der Forderung, deren Umsetzung auch in den Jahren darauf nicht erfolgte.[50]

Ähnlich wie in den Jahrzehnten zuvor berichtete der *Kurier* in den 2000er Jahren vor allem im regionalen Bereich über Erwachsenenbildung und deren Institutionen. Das Burgenland wurde in den Artikeln der Regionalausgaben mehrheitlich hervorgehoben. Dabei handelte es sich meist um Berichte über Kursprogramme oder Angebote des BFI, Diskussionsrunden mit Politikern und Interessensvertretern,[51] aber auch um befürchtete Einbußen im „Kundenbereich". So betonte Peter Maier, Geschäftsführer des Berufsförderungsinstituts, dass er mit erhöhter Konkurrenz im Bereich der Erwachsenenbildung rechne, da nach 2000 vermehrt AMS-Maßnahmen ausgeschrieben würden und damit nicht mehr so wie zuvor fast automatisch Kursvergaben an das BFI fielen. Mit Blick auf die

---

47 Vgl. Walterskirchen, Gudrun: Volkstanzen ist keine Weiterbildung. In: Die Presse (Wien), 24.7.2004, S. K6

48 Filla, Wilhelm in Kriwan, Monika: Auch Nordic Walking ist Weiterbildung. Erwachsenenbildung: KEBÖ-Vorsitzender Wilhelm Filla über neue Trends in den Kursangeboten. In: Die Presse (Wien), 14.10.2006, S. K22

49 Vgl. Dabringer, Claudia: Neue Maßstäbe in der Weiterbildung. Qualitätssicherung. Standards für außeruniversitäre Bildung kommen. In: Die Presse (Wien), 20.1.2007, S. R4

50 Vgl. Pichler, Erika: Inventur des Könnens. Zertifizierung. Nachweise für Kompetenzen oder Familienarbeit werden EU-weit immer mehr zum Thema. In: Die Presse (Wien), 6.9.2008, S. K27

51 Vgl. Sitar, Peter: Jede Menge Erwachsenenbildung im Angebot. Das Berufsförderungsinstitut Burgenland stellt sein Bildungsprogramm für 2001 vor. In: Kurier (Burgenland), 16.12.2000, S. 10

wachsende Konkurrenz am Bildungsmarkt meinte Maier im ganz bildungsökono-mischen Jargon: „Bei der Erwachsenenbildung setzten wir heuer den Schwerpunkt auf das Akquirieren neuer Kunden und wollen neue Projekte schaffen."[52] Die überwiegende Nennung des Burgenlands im Bereich der Erwachsenenbildung im Bundesländervergleich blieb natürlich auch selbstreflexiv nicht unbemerkt. So berichtete 2004 der *Kurier* in seiner Burgenland-Ausgabe vom regionalen Bil-dungshunger stolz, dass „das Burgenland mit fast 49 Minuten pro Person und Jahr (auf die Einwohner berechnet) in der beruflichen Erwachsenenbildung klar an der Spitze Österreichs" liege.[53]

Zieht man das Beispiel der Weiterbildungsakademie Österreich (wba) für in der Erwachsenenbildung Beschäftigte heran, wird deutlich, in welchem Verhält-nis die Berichterstattung zur eigeninitiierten Öffentlichkeitsarbeit steht. Seit der Gründung der Weiterbildungsakademie 2007 wurden 43 Presseaussendungen in Zusammenhang mit diesem Thema verschickt. Die *Presse* berichtete insge-samt mit 23 Artikeln in dem Zeitraum am meisten. Gefolgt vom *Standard* mit 15 und dann dem *Kurier* mit sieben Meldungen. Eigenmeldungen der APA (Austria Presse Agentur) gab es hier überhaupt nur fünf – möglicherweise unter ande-rem ein Grund für die spärliche Rezeption durch die Zeitungen. In den wenigen veröffentlichten Artikeln steht meist der Politiker-Bezug im Vordergrund – wie beispielsweise zur Feier von 40 Jahre KEBÖ und fünf Jahre Weiterbildungsaka-demie im Jahr 2012, wovon *Standard* und *Presse* berichteten.[54]

„No-Na-Volksbegehren" und Bildungsberatung

Auch in den 2010er Jahren thematisierten die Zeitungen Erwachsenenbildung in unterschiedlichen Zusammenhängen. Inhaltlich spannend, weil abseits der „üblichen" Berichterstattung zur Weiterbildung im beruflichen Kontext oder zur Qualifikationsmaximierung am Arbeitsmarkt, sind die begleitenden Ar-tikel zum Androsch-Bildungsvolksbegehren des Jahres 2011. In Punkt 11 des

---

52 Maier, Peter in Sitar, Peter: Auch das BFI bekommt Sparkurs zu spüren. Verstärktes Augenmerk auf Verbesserung der Qualität. Erwachsenenbildung als Schwerpunkt. In: Kurier (Burgenland), 10.2.2001, S. 10

53 Hörist, Karin: Burgenländer sind bildungshungrig. BFI-Statistik: 49 Minuten pro Einwohner/ Zusammenarbeit mit Ungarn ausgeweitet. In: Kurier (Burgenland), 23.10.2004, S. 12

54 Vgl. Bildungsvorzeigemodell made in Austria. 40 Jahre Konferenz der Erwachsenenbil-dung. In: Der Standard (Wien), 29.9.2012, S. K47; vgl. Erfolgreiche Akademien, Projekte und Jahre. In: Die Presse (Wien), 24.11.2012, S. 74

Forderungskatalogs wurde die Aufstockung der staatlichen Förderung der Erwachsenenbildung um 40 Prozent bis 2020 festgelegt. Weiter: „Die Erwachsenenbildung muss sicherstellen, dass versäumte Abschlüsse rasch, fair, qualitätsvoll und kostengünstig nachgeholt werden können. Das gilt insbesondere auch für Berufsschulen."[55] Auch im Bildungsvolksbegehren fand also der Begriff der Erwachsenenbildung im Sinne einer Erweiterung des eigenen Wissensspektrums kaum Niederschlag. Die Reaktionen in *Standard*, *Presse* und *Kurier* fielen unterschiedlich aus. In der *Presse* fanden sich kritische Stimmen, wie beispielsweise von Anneliese Rohrer, die das Volksbegehren als „No-na-Volksbegehren"[56] bezeichnete. Im Februar 2011 wurde weiter über verhaltene Reaktionen auf die Bildungsinitiative berichtet, da wichtige Forderungen fehlen würden.[57] Franz Karl, Bildungsreferent des Österreichischen Seniorenbundes, kommentierte außerdem explizit den oben erwähnten Punkt 11 und kritisierte ihn als mangelhaft: „Ist ihnen nur mehr vier Zeilen Begründung wert! Aber gerade hier ist Erwähnen zu wenig!"[58] In *Kurier* und *Standard* waren kaum direkte Bezüge auf das Thema Erwachsenenbildung in der Bildungsinitiative zu finden. Weitere behandelte Themen der drei Zeitungen innerhalb der vergangenen Jahre standen mehrheitlich in Kombination mit berufsbezogener Erwachsenenbildung, Lebenslangem Lernen, Bildungs- und Berufsberatung oder Studienveröffentlichungen zum Thema Weiterbildung.[59] Wie schon in den Jahrzehnten zuvor fanden die von den Bildungseinrichtungen per Presseaussendung verbreiteten Inhalte kaum Niederschlag in der Berichterstattung. So auch die Ankündigung für und die APA-Eigenmeldung über die Überreichung der Leistungsvereinbarungen zwischen dem Unterrichtsministerium und der KEBÖ im April 2012. Für fast sechs Millionen Euro jährlich verpflichteten sich die neun größten Erwachsenenbildungsverbände Österreichs bis 2014 zehn verbindliche und 16 je nach Verband unterschiedliche Zielsetzungen zu

---

55 Begründung/Forderungen in: Volksbegehren Bildungsinitiative „Österreich darf nicht sitzen bleiben". In: http://www.vbbi.at/volksbegehren/forderungen/, abgerufen am 14.12.2013, S. 6

56 Vgl. Rohrer, Anneliese in: Quergeschrieben. In: Die Presse (Wien), 29.1.2011, S. 33

57 Vgl. Schwarz, Christoph: Schulreform: Androsch verliert Unterstützer. In: Die Presse (Wien), 4.2.2011, S. 4

58 Karl, Franz: Wir fordern: Österreich darf nicht sitzen bleiben! Gastkommentar. Das Bildungsvolksbegehren wird genauso falsch wie das Konferenzzentrums-Volksbegehren sein. Und keiner weiß, was drinnen steht. In: Die Presse (Wien), 9.2.2011, S. 26

59 Vgl. APA: Bildungsbudgets bleiben gleich. Aufstieg in der Firmenhierarchie bringt Förderung. In: Der Standard (Wien), 20.2.2010, S. K12; vgl. Geld für Kurse. 2011. In Bildung wird investiert. In: Kurier (Wien), 24.2.2011, S. B6; vgl. Dabringer, Claudia: Orientierungshilfe gefragt. In: Die Presse (Wien), 12.5.2012, S. K22

erfüllen.[60] Lediglich eine relevantere österreichische Tageszeitung nahm die APA-Eigenmeldung Tage später nahezu unverändert in den Print auf, die *Salzburger Nachrichten*.[61] Die Presseaussendung über den Dank der Bundesministerin für die Zusammenarbeit des Unterrichtsministeriums mit der KEBÖ – unter anderem wegen der Leistungsvereinbarungen – wurde wie so viele Presseaussendungen zum Thema Erwachsenenbildung gar nicht mehr von den Zeitungen übernommen.

Die Strategie „LLL:2020", die von den Ministerien für Unterricht, Kunst und Kultur, Wirtschaft, Familie und Jugend, Wissenschaft und Forschung sowie Arbeit, Soziales und Konsumentenschutz formuliert und im Juli 2011 von der Bundesregierung beschlossen wurde, setzte sich die Erhöhung des österreichischen Bildungsniveaus durch die Förderung von lebensbegleitendem Lernen zum Ziel. Die Verabschiedung der zehn Aktionslinien, beruhend auf fünf Leitlinien und vier Grundprinzipien, wurde weder von *Presse* noch *Standard* noch *Kurier* in die Print-Ausgaben aufgenommen. Fast ein Jahr später tauchte der Begriff im *Standard* auf: „LLL:2020 ist kein Geheimcode", hieß es hier, wozu Michael Landertshammer, Leiter der bildungspolitischen Abteilung der Wirtschaftskammer Österreich, meinte: „Die Umsetzung verläuft zäh, aber sie geht voran."[62] Demgegenüber stehen drei Presseaussendungen von Seiten der Ministerien, die erste bereits im April 2010, die vom Zusammentreten und den Vorhaben der Minister Claudia Schmied, Beatrix Karl, Reinhold Mitterlehner und Rudolf Hundstorfer berichteten.[63] Wurde dem Thema Erwachsenenbildung noch im Regierungsprogramm 2008 – 2013 ein eigenes Kapitel mit inhaltlichen Vorhaben zu deren Förderung gewidmet,[64] reduzierte sich die Ausführung im derzeitig gültigen Regierungsprogramm auf knappe zweieinhalb Zeilen.[65] Auch die 2011 noch verabschiedete österreichische

---

60 Vgl. APA: Anbieter von Erwachsenenbildung bekommen 17 Mio. Euro für drei Jahre. Agenturmeldung vom 27.4.2012
61 Vgl. Weiterbildner: 17 Mill. für drei Jahre Wien. In: Salzburger Nachrichten/APA (Wien), 5.5.2012, S. 32
62 Landertshammer, Michael zit. nach Ostermann, Gudrun: „Brauchen Bildungs-Staatssekretariat". In: Der Standard (Wien), 12.5.2012, S. K27
63 Vgl. Startschuss für österreichische Strategie zum lebensbegleitenden Lernen mit MinisterInnen Schmied, Karl, Mitterlehner und Hundstorfer. APA-OTS, 20.4.2010
64 Vgl. Gemeinsam für Österreich. Regierungsprogramm 2008 – 2013, Regierungsprogramm für die 24. Gesetzgebungsperiode, Bundeskanzleramt: Bundespressedienst, S. 213
65 Vgl. Erfolgreich. Österreich. Arbeitsprogramm der österreichischen Bundesregierung 2013 – 2018, Bundeskanzleramt: Bundespressedienst, Dezember 2013, S. 43

Strategie 2020 wurde nicht ins Programm aufgenommen – von den Zeitungen offenbar unbemerkt.

Erwachsenenbildung im Spiegel der Zeitungsberichterstattung

Die Berichterstattung über Erwachsenenbildung ist eng mit ihrem tagesaktuellen Bezug verknüpft. In den ersten Jahrzehnten der Zweiten Republik tauchte der Begriff meist in Kombination mit parteipolitischen Maßnahmen oder Forderungen auf. Insgesamt wurden in Zeiten der Vollbeschäftigung nur wenige betreffende Meldungen veröffentlicht, und wenn, dann meist in Form einer Übernahme der Agenturmeldungen oder Parteiaussendungen. Im Vorfeld und während der Gesetzwerdung zur Förderung der Erwachsenenbildung 1973 kam das Thema etwas häufiger. Parallel wurde der Begriff Erwachsenenbildung – immer seltener liest man das Wort Volksbildung – öfter verbunden mit der Verbesserung von Sprachkenntnissen der „Gastarbeiter" oder dem Einsatz von Pflichtschullehrern im Erwachsenenbildungsbereich. Die Debatte um die Kompetenzverteilung zwischen Bund und Ländern fand während der Begutachtungsphase des Gesetzes ihren Anfang und dauerte über die Jahrzehnte hinweg an – die Unterfinanzierung der einzelnen Einrichtungen ist bis heute Thema in der spärlichen Berichterstattung. Spätestens ab den 90ern trat die „kundenorientierte" Ambition einzelner Erwachsenenbildungseinrichtungen vermehrt in den Vordergrund. Teilnehmerstatistiken sollten Finanzierungen sichern, während umgekehrt berufliche Weiterbildung nicht nur Krisenresistenz bedeute, sondern auch der weitergebildete Arbeitnehmer für mehr Profit des Unternehmens sorgen sollte. Die Ökonomisierung von Bildung – in der Berichterstattung über Erwachsenenbildung steht dieses Thema, diese Entwicklung deutlich geschrieben. Erwachsenenbildung im Sinne eines Volksbildungsgedankens oder einer Bildung für eine kritische Reflexion politischer Ereignisse tritt dabei völlig in den Hintergrund. Dies ist wohl auch der Grund, warum Einrichtungen wie WIFI oder BFI in den inhaltsrelevanten Artikeln am häufigsten genannt werden, während RÖBW, Institut für Wissenschaft und Kunst (IWK) oder auch konfessionelle Bildungseinrichtungen weit abgeschlagen dahinter liegen.

Johann Dvořák

Sozialwissenschaftliche Exkurse zur Bildungsarbeit mit Erwachsenen

I. Notizen zu einer Theorie der Bildung

„Niemand glaube …, daß jemand wirklich Mensch sein könnte,
wenn er nicht gelernt hätte, als Mensch zu handeln,
d.h. wenn er nicht zu dem, was den Menschen ausmacht,
gebildet worden wäre."[1]
J. A. Comenius

„To every class we have a School assign'd,
Rules for all ranks, and food for every mind …"[2]
George Crabbe

„Man muß sein Glaubensbekenntniß von Zeit zu
Zeit wiederholen, aussprechen, was man billigt, was
man verdammt; der Gegentheil läßt's ja auch nicht
daran fehlen."[3]
Johann Wolfgang von Goethe

Theoretische Überlegungen zu gesellschaftlichen Vorgängen dienen nicht dazu
(oder sollten nicht dazu dienen), banales Geschehen geistig zu überhöhen, Sinnlo-
sem Sinn zu geben; sondern helfen, soziale Prozesse und Institutionen zu erklären
und Möglichkeiten der Verbesserung gesellschaftlicher Verhältnisse zu entfalten.

Bildung, Erziehung wurde (jenseits des Kleinstkinder-Daseins) im modernen
Europa (aber auch schon früher) als Selbst-Bildung, Selbst-Erziehung, als (und das
ist neu) *Arbeit* an sich selbst verstanden – unverzichtbar für die Menschwerdung
des Menschen.

Bildung und Arbeit sind in der europäischen Neuzeit, beginnend mit den Anfängen der Epoche der Moderne (etwa im 16. und 17. Jahrhundert), immer wieder

---

1   Johann Amos Comenius, *Große Unterrichtslehre. Einleitung, Übersetzung und Kommen-
    tar von Gustav Adolf Lindner* (Wien und Leipzig: A. Pichlers Witwe & Sohn, 1912) 42
2   George Crabbe, *The Life and Poetical Works of the Rev. George Crabbe. Edited by His
    Son.* (London: John Murray, 1847) 254
3   Goethes Werke. Hrsg. im Auftrage der Großherzogin Sophie von Sachsen. Band 75.2.
    (Weimar: Hermann Böhlaus Nachf. 1893) 154

im Zusammenhang mit der Verbesserung der materiellen Lebenslage der Individuen, und der möglichen Verbesserung der gesellschaftlichen Lebensverhältnisse überhaupt, gesehen worden.

Zugleich mit der Vorstellung von Bildung als Arbeit an sich selbst entsteht aber auch (im Zusammenhang mit der kapitalistischen Wirtschaftsweise) eine neue Praxis der Ausbeutung der Arbeitskraft der Individuen; die profitable Aneignung der Arbeit der Individuen durch jene, die über die Produktionsmittel verfügen, die in der Lage sind, die Vielzahl der Arbeitskräfte zu organisieren. Die Aneignung der je individuellen Arbeit durch andere, die Arbeit für andere ist das wesentliche Element der kapitalistischen Produktionsweise; und durchsetzt zunehmend alle Bereiche des menschlichen Lebens.

Im Gefolge der Durchsetzung der kapitalistischen Produktionsweise in Europa erfolgte eine systematische Trennung der sozialen Sphären der Arbeit, der Freizeit und der Bildung.

Die Einführung der allgemeinen Schulpflicht und des staatlichen Pflichtschulwesens überlagerte und zerstörte schließlich weitgehend die älteren Konzepte und Praktiken von Selbstbildungsprozessen als (nicht entfremdeter) Arbeit an und für sich selbst.

Bis gegen Ende des 19. und zu Anfang des 20. Jahrhunderts wurde überall in Europa ein System des stufenweisen Aufbaus des Erziehungswesens, von Elementarschulen über mittlere und höhere Schulen bis hin zu Hochschulen und Universitäten, geschaffen.

Dieser stufenweise Aufbau des Erziehungswesens bedeutete keineswegs, dass für viele Individuen der Zugang zu den höheren Stufen des Bildungswesens ermöglicht werden sollte.

Im Gegenteil: in vielen Ländern auf dem europäischen Kontinent (etwa in der Habsburger-Monarchie) sahen die Erziehungsziele der Grund-Schulen ausdrücklich vor, die Kinder so auszubilden, dass sie in den sozialen Stand der Eltern einzutreten vermochten; soziale Mobilität nach oben war kein Ziel der allgemeinen Schulpflicht und des staatlichen Erziehungswesens; es ging vielmehr um die Bewahrung bestehender sozialer Verhältnisse.

Erst im Zusammenhang mit politischen Revolutionen in Europa (im Gefolge des Ersten Weltkrieges) und mit der Gründung demokratischer Republiken erschien eine massenhafte, egalitäre Bildung, verbunden mit der Vorstellung des allgemeinen Zugangs zu höheren Schulen und Hochschulen, möglich und erstrebenswert.

Allerdings wurden derartige Bestrebungen auf dem europäischen Kontinent durch die Zerstörung der Demokratie und die Errichtung faschistischer Diktaturen in vielen Ländern zunichte gemacht.

Nach dem Ende des Zweiten Weltkrieges wurde mit der Schaffung wohlfahrtsstaatlicher Strukturen in vielen europäischen Ländern (diesseits des „Eisernen Vorhangs") oft auch das gesamte Bildungswesen sozial durchlässiger gestaltet.

Im Gefolge des Kalten Krieges und der System-Konkurrenz mit den Ländern des sogenannten realen Sozialismus wurde (vor allem als nach dem „Sputnik-Schock" die kommunistischen Länder den „Westen" bildungsmäßig zu überholen schienen) im „Westen" höhere Bildung für alle und der Zugang zu den Hochschulen forciert, die Bildungsbudgets ausgebaut und versucht, „Begabungsreserven" der unteren sozialen Klassen auszuschöpfen. Ein enormer Ausbau des Bildungssektors war die Folge.

Das, was wir heute als Massenbildung jenseits der Pflichtschule sehen, ist Ergebnis jener umfangreichen Ausbauphase des Sektors des höheren Schulwesens und der Universitäten und Hochschulen in den 1960er und 1970er Jahren, in Europa diesseits des Eisernen Vorhanges.

Die ungeheure Steigerung der Zahl des dauerhaft beschäftigten (und recht gut bezahlten) Personals in diesem Sektor des Bildungswesens (verbunden mit einer Bautätigkeit, die ebenfalls die wirtschaftliche Entwicklung beförderte) kann auch als Ergebnis des umfassenden Ausbaus des modernen Wohlfahrtsstaates betrachtet werden; und brachte auch eine ständige Steigerung der Massenkaufkraft mit sich.

Zu den wichtigen Effekten dieser Vorgänge zählte eine beträchtliche (und, historisch betrachtet, noch nie dagewesene) soziale Erweiterung des Zugangs zu höherer Bildung und (in der Folge) zu Universitäten und Hochschulen sowie (in weiterer Folge) eine Erweiterung des Zugangs zu höheren beruflichen Positionen im öffentlichen Dienst wie in der Privatwirtschaft.

Für einen Zeitraum von etwa zwanzig bis fünfundzwanzig Jahren bedeutete Vollbeschäftigung verknüpft mit erweitertem Zugang zu höherer Bildung für relativ viele Angehörige der unteren sozialen Klassen (zumindest der unteren Mittelklassen) die Möglichkeit sozialen Aufstiegs.

Mit der Wiederkehr der (sonst im Kapitalismus stets üblich gewesenen) massenhaften und dauernden Arbeitslosigkeit und im Gefolge der nun schon Jahrzehnte andauernden neokonservativen Politik des Abbaus und der systematischen Zerstörung des Wohlfahrtsstaates, sowie der ständigen Absenkung der Massenkaufkraft, verschlechterten sich sowohl die realen Lebensbedingungen als auch die

Lebensperspektiven vieler Menschen; und somit auch die Lebenslage zahlreicher Absolventinnen und Absolventen der höheren Segmente des Bildungswesens.

Die Veränderungen der Massenbildung und der massenhaften höheren Bildung bedingen auch Veränderungen der Stellung der Erwachsenenbildung im Bildungssystem. Diese Veränderungen können einfach hingenommen, als gleichsam natürliche Entwicklungen angesehen, oder aber in ihrer gesellschaftlichen Bedeutung reflektiert werden.

II. Ökonomie und (Weiter-)Bildung

II.1 Vollbeschäftigung und das Bewusstsein von der Gestaltbarkeit des individuellen und gesellschaftlichen Lebens

Für die expansive Bildungspolitik der 1960er und frühen 1970er Jahre war wohl von entscheidender Bedeutung, dass mit Ende der 1950er oder Anfang der 1960er Jahre in allen hochindustrialisierten Gesellschaften West- und Zentraleuropas tatsächlich so etwas wie Vollbeschäftigung existierte, und zwar auch Vollbeschäftigung für die Jugendlichen.

Mehr noch: es gab sogar einen Mangel an Arbeitskräften und es wurden Arbeitsimmigranten aus den industriell wenig entwickelten süd- und südosteuropäischen Ländern massenhaft in die hochentwickelten Industrieländer eingeführt.

Zum ersten Mal in der Geschichte des Kapitalismus gab es in Friedenszeiten nicht nur wirklich Vollbeschäftigung, sondern vor allem die Perspektive einer dauerhaften, lebenslangen Beschäftigung für alle, die nach Lohnarbeit strebten.

Dies bedeutet einen ungeheuren, massenhaften Wandel im Bewusstsein der Menschen.

Nicht nur gab es Arbeit für alle und das brachte eine beträchtliche Steigerung der Familien-Einkünfte mit sich.

Viele Jugendliche hatten nunmehr ein (wenn auch oft zunächst nur geringes) eigenes und – vor allem – einigermaßen sicheres Einkommen; es gab dazu die Möglichkeit, Kredite zu erhalten. Die zahlreichen Kleinkredite der Banken und Sparkassen für die Niedriglohnbezieher bedeuteten enorme Erweiterungen der Konsummöglichkeiten gerade der Jugendlichen (von Lederjacken bis zu Mopeds).

Eigenes Einkommen, eigenständige, erweiterte Konsummöglichkeiten wiederum verringerten bei *arbeitenden* Jugendlichen die Abhängigkeit von den Eltern, ermöglichten die Ausbildung einer spezifischen Jugendkultur: diese Jugendkultur war aber wesentlich eine Subkultur der arbeitenden Klassen.

Diese neue Arbeiterkultur, die erstmals von Freude und Konsum und relativer Autonomie der Jugendlichen geprägt war, und nicht von der Notwendigkeit der

Bewirtschaftung des Mangels und der dazugehörigen rigiden Moral, erweckte den Hass und Neid der spießerhaften Kleinbürger (ebenso wie das Unverständnis jener älteren Arbeiter und Angestellten, die aus ihrer eigenen lebensgeschichtlichen Erfahrung eher die Dauerhaftigkeit des Elends abzuleiten bereit waren, denn seine Überwindung).

Wir müssen uns immer wieder vor Augen halten, dass die neue Lebensweise und auch das Aufbegehren gegen die überkommene Kultur der Bescheidenheit nur möglich geworden ist durch die massive Verbesserung der materiellen Lage und die damit verbundene relative Arbeitsplatzsicherheit der Jugendlichen: damit wurde auch erstmals in der Geschichte des Kapitalismus einer großen Zahl von jungen Menschen die Perspektive einer längerfristigen Lebensplanung eröffnet; und die Furcht davor genommen, schon am nächsten Tag oder in der nächsten Woche wieder arbeitslos zu sein.

Demgegenüber allerdings waren jene Jugendlichen, die der höheren Schulbildung und des Universitätsstudiums teilhaftig wurden, also den mittleren oder oberen sozialen Klassen angehörten, in gewisser Weise benachteiligt; das Privileg des Besuchs höherer Schulen und der Universitäten war verknüpft mit der länger dauernden Abhängigkeit vom Elternhaus, dem Leben in der elterlichen Wohnung und den damit verbundenen Verhaltenskontrollen.

Solange Studium ein deutliches Standes- oder Klassen-Privileg gewesen war und die frühen Schulabgänger eher das Schicksal der Arbeitslosigkeit zu erwarten hatten, während die angehenden Akademiker standesgemäße Beschäftigungen erwarten durften (oder zumindest erhofften), war diese Abhängigkeit nicht so problematisch gewesen; in den 50er und 60er Jahren allerdings wurde es in den hochindustrialisierten Ländern allmählich deutlich, dass auch die bisher privilegierten – oft noch halb-feudalen – Nischen und Randzonen in die regulären Verhältnisse der kapitalistischen Gesellschaften eingegliedert wurden.

Die massenhafte Produktion von Gütern brachte die zahlreichen Arbeitsplätze mit sich, die massenhafte Konsumtion der erzeugten Güter half die Arbeitsplätze sichern – und sicherte auch die Profite der kapitalistischen Unternehmen und Unternehmer: die Interessen des Kapitals und die Interessen der ihm unterworfenen arbeitenden Klassen schienen weitgehend identisch zu sein.

Aber genau das war auch das wesentliche Problem für die Interessen des Kapitals; es schien sich eine selbstinduzierte Überwindung der kapitalistischen Produktionsweise anzukündigen: nicht – wie immer wieder befürchtet – auf der Grundlage der Politik sinistrer Arbeiterparteien, sondern, schlimmer noch, auf der Grundlage einer Vielzahl von, durch die neue kapitalistische Lebensweise selbst erzeugten, neuen Bedürfnissen und Interessen.

Denn es entwickelte sich ein verbreitetes Bewusstsein vom ungeheuren allgemeinen Reichtum an von Menschen erzeugten Gütern und an menschlichen Kenntnissen und Fertigkeiten.

Die Welt erschien vielen – vor allem den Jüngeren – nicht länger notwendigerweise als eine Welt des natürlichen Mangels, sondern als eine der ungeheuren Reichtümer, die nur richtig verteilt zu werden brauchten; die Welt erschien als gestaltbar, das individuelle und kollektive Schicksal als zum Besseren hin planbar.

In den hochindustrialisierten Ländern bedeutete die tatsächliche Vollbeschäftigung (zeitweise sogar verbunden mit einem Mangel an Arbeitskräften) eine enorme Stärkung der Gewerkschaften.

Das wirkte sich zwar nicht sogleich aus, weil viele der west-, süd- und zentraleuropäischen Gewerkschaften durch die antikommunistische Orientierung im kalten Krieg jede Politik auf eine Überwindung des Kapitalismus hin längst aufgegeben hatten, doch für jüngere Arbeiter und Angestellte wurde es zunehmend selbstverständlich, über Lohnforderungen hinaus an Veränderungen der gesamten Lebensweise zu denken.

Es wurde keineswegs so etwas wie gleichförmiges Klassenbewusstsein ausgeformt, jedoch ein massenhaftes Bewusstsein davon, dass ein gutes Leben für alle möglich wäre (in der ersten, wie in der dritten Welt).

Ab etwa Mitte der 1970er Jahre begannen sich die Verhältnisse in den hochindustrialisierten Ländern Europas grundsätzlich zu wandeln: eine große, weltweite Wirtschaftskrise (die ursprünglich der sogenannten Ölkrise zugeschrieben worden ist – obwohl diese nie existierte) setzte ein, oder besser: eine Abfolge von Krisen.

Der Kapitalismus ist allerdings welthistorisch jenes Gesellschafts- und Wirtschaftssystem, das – als System insgesamt – aus Krisen gestärkt, und nicht geschwächt, hervorgeht: mögen einzelne Unternehmen untergehen, mögen einzelne Unternehmer – wie es so schön heißt – den „bürgerlichen Tod" erleiden (also ökonomisch zugrundegehen), mögen zahlreiche Menschen arbeitslos werden und in Not und Elend dahinvegetieren; der Kapitalismus als System wird dadurch nicht gefährdet, sondern gesichert.

Seit etwa Mitte der 1970er Jahre wird wieder die Vorstellung von der Beschränktheit der Ressourcen, von der Unmöglichkeit der bewussten, planvollen Lebens- und Weltgestaltung propagiert:

Mangel und Elend zerstören jegliches Bewusstsein vom möglichen guten Leben für alle Menschen (und auch die Erinnerung daran, dass es einst jene Hoffnung gegeben hat);

„Not lehrt beten"; die ständige Unsicherheit des Arbeitsplatzes verhindert die Entwicklung längerfristiger Lebensperspektiven und macht untertänig und gefügig; für Millionen von jungen Menschen hat das künftige Leben vor allem die Aussicht auf Arbeitslosigkeit und Mangel zu bieten.

Der expandierende Bildungssektor hatte nicht nur die Schaffung zahlreicher neuer Arbeitsplätze, insbesondere für die Universitätsabgänger bedeutet, sondern auch den Ausbau eines gesellschaftlichen Bereiches, in dem Jugendliche, die ansonsten arbeitslos gewesen wären, im Rahmen der Weiterbildung längere Zeit verweilen konnten (und können); der beträchtlich ausgeweitete Bildungssektor wurde so zu einem nicht unbedeutenden Faktor einer gewissen Krisenregulierung: im Bildungssektor verbleibende Jugendliche genießen einen höheren sozialen Status denn Arbeitslose.

Tatsächlich bestehen die Ursachen für die noch wachsende Massenarbeitslosigkeit keineswegs bloß in der zu geringen Qualifikation der individuellen Arbeitskräfte oder in ihrer mangelnden Anpassungsfähigkeit an veränderte Anforderungen des Arbeitsplatzes, sondern einfach darin, dass es immer weniger Arbeitsplätze gibt.

II.2 Armut, Arbeitslosigkeit und Erziehung

Ein kurzer historischer Rückblick möge veranschaulichen, dass die Argumentation, es gäbe genug Arbeit für Arbeitswillige und im übrigen gelte es, Arbeitsunwillige und sogenannte Sozialschmarotzer durch systematische und drastische Verschlechterung ihrer Lebensbedingungen zu bewegen, Arbeit anzunehmen, ebenso wenig zutreffend wie neu ist.

Seitdem im neuzeitlichen Europa im Gefolge der Krisen des Feudalismus und der Durchsetzung der kapitalistischen Produktionsweise Lohnarbeiter in großer Zahl immer wieder "freigesetzt" worden sind, d.h. massenhafte Arbeitslosigkeit existierte, wurde auch versucht, das Phänomen der Massenarbeitslosigkeit möglichst simpel zu erklären, und dem entsprechende Maßnahmen zu setzen.

Von Anfang an trachtete man hierbei, die Schuld bei den Opfern selbst zu suchen.

So wurde etwa in England im 16. Jahrhundert das Phänomen der Vagabondage mit der Arbeitsunwilligkeit der Herumziehenden (und in Wirklichkeit meist nach bezahlter Arbeit Suchenden) erklärt; und es wurde schon damals gar nicht erst danach gefragt, ob denn überhaupt genug Arbeitsplätze für die Arbeitswilligen vorhanden wären.

Grausame Zwangsmaßnahmen sollten der Förderung der Arbeitswilligkeit der Armen dienen; die Vorstellung von den „Sozialschmarotzern", die Unterscheidung

zwischen den „müßiggängerischen" und den „arbeitswilligen" Armen („idle poor"
und „labouring poor"), ist seither nicht wieder entschwunden, obwohl sie empirisch nie bewahrheitet werden konnte.

In einer Schrift aus dem 19. Jahrhundert heißt es dazu:

> *„Die durch Auflösung der feudalen Gefolgschaften und durch stoßweise, gewaltsame Ex-
> propriation von Grund und Boden Verjagten, dies vogelfreie Proletariat konnte unmöglich
> ebenso rasch von der aufkommenden Manufaktur absorbiert werden, als es auf die Welt
> gesetzt ward. Andrerseits konnten die plötzlich aus ihrer gewohnten Lebensbahn Heraus-
> geschleuderten sich nicht ebenso plötzlich in die Disziplin des neuen Zustandes finden. Sie
> verwandelten sich massenhaft in Bettler, Räuber, Vagabunden, zum Teil aus Neigung, in
> den meisten Fällen durch den Zwang der Umstände. Ende des 15. und während des ganzen
> 16. Jahrhunderts daher in ganz Westeuropa eine Blutgesetzgebung wider Vagabundage.
> Die Väter der jetzigen Arbeiterklasse wurden zunächst gezüchtigt für die ihnen angetane
> Verwandlung in Vagabunden und Paupers. Die Gesetzgebung behandelte sie als ‚freiwillige'
> Verbrecher und unterstellte, daß es von ihrem guten Willen abhänge, in den nicht mehr
> existierenden alten Verhältnissen fortzuarbeiten."*[4]

II.3 Vom Wert der Bildung und der Arbeitskraft

> *„... das stehende Kapital, dessen Eigenschaft die ist, ein Einkommen oder einen Gewinn zu
> liefern, ohne daß es umläuft oder den Herrn wechselt. Es besteht ... [viertens] ... aus den er-
> worbenen nützlichen Geschicklichkeiten aller Einwohner oder aller Glieder der Gesellschaft.
> Die Erwerbung solcher Geschicklichkeiten kostet durch den Unterhalt des Erwerbenden
> während der Zeit seiner Erziehung, seines Studiums oder seiner Lehrlingschaft immer einen
> wirklichen Aufwand, der ein stehendes oder sozusagen in seiner Person realisiertes Kapital
> ist. Wie diese Talente einen Teil seines eigenen Vermögens ausmachen, so bilden sie gleichfalls
> einen Teil in dem Vermögen der Gesellschaft, der er angehört. Die höhere Fertigkeit eines
> Arbeiters läßt sich ebenso ansehen wie eine Maschine oder ein Handwerkszeug, das die
> Arbeit erleichtert und abkürzt, und wenn es auch gewisse Kosten verursacht, diese Kosten
> doch mit Gewinn wiedererstattet."*[5]

Was immer bezüglich der gesellschaftlichen Funktionen von Bildung ausgesagt
werden kann, bedeutet keineswegs die völlige Wertlosigkeit von Bildung für die
Individuen; worum es hiebei vielmehr geht, ist die Offenlegung und Kritik falscher Begründungen von Bildungspolitik, falscher Darstellung von Ursachen für

---

4   Karl Marx, *Das Kapital. Erster Band,* Karl Marx/Friedrich Engels: Werke. Band 23
    (Berlin: Dietz, 1970) 761f.
5   Adam Smith, *Der Reichtum der Nationen. Nach der Übersetzung von Max Stirner und
    der Englischen Ausgabe von Cannan (1904). Hrsg. von Heinrich Schmidt. Zwei Bände*
    (Leipzig: Alfred Kröner, 1924), Erster Band, 282f.

Arbeitslosigkeit und der Herstellung falscher Zusammenhänge zwischen Bildungsmaßnahmen und Aussichten auf dem Arbeitsmarkt.

Es ist zum Beispiel seit Jahrzehnten auffällig, dass in dem Ausmaß, in dem das öffentliche Bewusstsein von der Notwendigkeit einer Vollbeschäftigungspolitik verschwindet, zugleich die öffentliche Finanzierung beruflicher Weiterbildung und Umschulung forciert wird; im nationalen wie im internationalen Rahmen: Qualifikationsoffensiven sollen immer wieder die angeblichen individuellen Ursachen für Arbeitslosigkeit beheben helfen.

Dabei taucht in der öffentlichen Debatte eigentlich kaum jemals die Frage nach den Vermittlungsquoten bei den Absolventen von Weiterbildungs- und Umschulungskursen für Arbeitslose auf.

Da in der beruflichen Weiterbildung eine Orientierung an unmittelbarer (oder jedenfalls baldiger) Verwendbarkeit, Umsetzung der erworbenen Qualifikationen Vorrang hat, wäre das Fragen nach der sogenannten Effizienz von Bildungsmaßnahmen ja durchaus naheliegend.

Da es objektiv zu wenige Arbeitsplätze gibt (und eine Verbesserung dieser Situation nur bei einer Politik der gesellschaftlichen Reorganisation der gesamten Art und Weise zu arbeiten und damit auch der Zeitstrukturen etc. vorstellbar ist), ist kaum zu erwarten, dass Umschulungen allzu große Erfolgsquoten aufweisen.

Umso wichtiger wäre die Frage nach den Inhalten und Methoden der Weiterbildungsmaßnahmen für Arbeitslose; die Frage nach jenen Kenntnissen und Fertigkeiten, über die Arbeitsuchende – auch längerfristig – verfügen sollten.

Bei den enormen Mitteln, die seitens der öffentlichen Hand überall in Europa in berufsorientierte Bildungsprogramme investiert werden, wäre an sich zu erwarten, dass auch zahlreiche Dauerarbeitsplätze für Planer, Organisatoren und Lehrende im Weiterbildungssektor geschaffen werden.

Doch stattdessen wird eher ein grauer Markt von freiberuflich oder nebenberuflich Tätigen im Weiterbildungssektor geschaffen, stabilisiert, vielleicht auch etwas ausgeweitet (oder, wenn gespart werden muss, verringert).

Zum Unterschied von der Bildungsexpansion in den 1960er und 1970er Jahren bedeutet die Forcierung der beruflichen Weiterbildung (insofern sie nicht unter Berufstätigen, sondern unter Arbeitslosen erfolgt) keine Schaffung von Dauerarbeitsplätzen für viele, sondern eher einen Status der beruflichen Unsicherheit auch bei den Planern, Organisatoren und Lehrenden in der Weiterbildung.

Es ist auch auffällig, dass zwar immer wieder die freie Marktwirtschaft und die Markt-Orientierung betont werden, gleichzeitig jedoch bei den Arbeitslose betreffenden Weiterbildungsmaßnahmen überall in Europa eher Verpflichtung und Zwang vorherrschen (weil die Teilnahme an Umschulungskursen meist mit dem

Bezug finanzieller Unterstützung verknüpft ist); was wiederum nicht unbedingt zu einer freimütigen und öffentlichen Diskussion der inhaltlichen und methodischen Qualitäten oder der Qualitätsmängel der Bildungsmaßnahmen beiträgt.

Insgesamt wäre es gerade jetzt durchaus angebracht (im Sinne der obigen Adam-Smith-Zitate), den Wert der Bildung für die Qualifizierung und Verkaufbarkeit der individuellen Arbeitskraft ebenso zu diskutieren wie den volkswirtschaftlichen Nutzen von Qualifizierungsmaßnahmen.

Rationale, theoretisch fundierte Argumentationen, die sich auf seriöse empirische Befunde stützen, könnten ein wichtiger Beitrag zu einer größeren Bedeutung des Weiterbildungssektors im nationalen wie auch internationalen Rahmen sein und damit vor allem auch zu einer Steigerung der Bedeutung und des Nutzens von Weiterbildung für die Individuen beitragen.

III. Bemerkungen über (Weiter-)Bildung und Arbeitslosigkeit

„Es ist schlimm genug, … daß man jetzt
nichts mehr für sein ganzes Leben lernen
kann. Unsre Vorfahren hielten sich an den
Unterricht, den sie in ihrer Jugend empfangen;
wir aber müssen jetzt alle fünf Jahre umlernen,
wenn wir nicht ganz aus der Mode kommen wollen."[6]
Johann Wolfgang von Goethe [1809]

„… no known system of education and training,
however sophisticated, has succeeded in banishing
the spectre of unemployment."[7]
„… low skills are not a sentence to unemployment,
nor high skills a guarantee of job security."[8]

Beim Auftreten von Problemen des Arbeitsmarktes, das heißt: bei steigender Arbeitslosigkeit, wird seit Jahrzehnten der Ruf nach mehr Bildung laut.

Dem liegen eine Reihe von, nicht weiter überprüften, Annahmen, Behauptungen und ideologischen Versatzstücken zugrunde.

---

6   Johann Wolfgang von Goethe: Die Wahlverwandtschaften. In: Goethes Werke. Hrsg. im Auftrage der Großherzogin Sophie von Sachsen. 20. Band (Weimar: Hermann Böhlau, 1892) 48
7   „Training for Jobs". In: The Economist, March 12th 1994, 28
8   „Training for Jobs". In: The Economist, March 12th 1994, 22

Zunächst wird immer wieder behauptet, (Massen-)Arbeitslosigkeit habe als eine wichtige Ursache die zu geringe Qualifikation vieler Arbeitskräfte oder deren Unvermögen, sich veränderten Qualifikationsanforderungen anzupassen. (Diese Auffassung ist allerdings – bezüglich der großen Zahl der Arbeiter und Angestellten – empirisch nicht belegbar!)

Weiters wird gerne eine angeblich völlig neuartige Situation ins Treffen geführt: nämlich, dass die Umwälzungen in der Arbeitswelt ein ständiges Umlernen erforderten und daher der beruflichen Weiterbildung – im Gegensatz zu früheren Zeiten – eine außerordentlich gesteigerte Bedeutung zufalle.

Dazu kommt, dass sogenannte Humankapital-Investitionen seitens der öffentlichen Hand sich überhaupt einiger Beliebtheit erfreuen: bei Politikern, bei Journalisten, bei im Bildungsbereich Tätigen.[9]

An staatlichen Bildungsausgaben kann kaum etwas falsch sein; sie kommen irgendwie vielen zugute, schaffen Hoffnung und im Rahmen von Umschulungsprogrammen für Arbeitslose sorgen sie dafür, die Arbeitslosenstatistiken schöner zu gestalten.

Erziehung, die Vermittlung von Kenntnissen und Fertigkeiten, als gewinnbringende (oder zumindest Gewinn verheißende) Maßnahmen zu begreifen, geht schon auf Adam Smith zurück. Das gewinnbringend einzusetzende gesteigerte Arbeitsvermögen der Individuen war bei Adam Smith wesentlich im Bereich der produktiven, der Güter erzeugenden, Arbeit konzentriert.

Im Bereich der industriellen Produktion hat auch in den vergangenen zweihundert Jahren ein gewaltiger Wandel stattgefunden.

Damit verbunden war die Notwendigkeit für die Arbeiter, sich den veränderten Verhältnissen immer wieder von neuem anzupassen; das heißt, dass in der industriellen Produktion immer schon Lernen, geistige Flexibilität und Mobilität in den alltäglichen Arbeitsprozess integriert waren; zugleich jedoch gehörte es zu den wiederkehrenden Erfahrungen der Industriearbeiter, dass technische Neuerung meist eine Verringerung der Arbeitsplätze und das wiederum oft ein Drücken der Löhne bedeutete.

Erst seit derartige Vorgänge in zunehmendem Ausmaß auf den Büro- und Dienstleistungssektor übergreifen, werden sie (vor allem im Rahmen der veröffentlichten Meinung) besonders beachtet und gelten nunmehr als völlig neuartig.

---

9   „Asking academics if it makes sense to invest in human capital is like asking car manufacturers if more roads should be built.", „Training for Jobs". In: The Economist, March 12th 1994, 21

Der Kapitalismus ist das erste gesellschaftliche System, das in, und mit, Wirt-schaftskrisen wächst, in dem stetig vermehrt Güter produziert und beschleunigt ungeheure Reichtümer angehäuft werden (die allerdings keineswegs allen Men-schen in gleicher Weise zugänglich sind). Daher existiert gleichzeitig weltweit neben den enormen Reichtümern ungeheures Elend, obwohl die durch mensch-liche Arbeit in der Landwirtschaft und der Industrie produzierten Güter längst ausreichen, um die materiellen Bedürfnisse aller Menschen zu befriedigen.

Die fortschreitende Rationalisierung der Produktion und Steigerung der Pro-duktivität führt zu einer ebenso fortschreitenden Verringerung der Arbeitsplätze.

Diese Vorgänge sind die längste Zeit mit Begeisterung oder Bedauern und Resi-gnation (über den Untergang des Proletariats, das Ende der arbeitenden Klassen) begleitet worden, sowie mit der Annahme und wiederkehrenden Behauptung, dass die im Produktionssektor verloren gegangenen Arbeitsplätze im Bereich der Dienstleistungen wiedergewonnen werden könnten.

Doch die Prozesse der kapitalistischen Rationalisierung haben längst (nur nicht mit der gleichen Intensität und dem gleichen Tempo wie im Produktionssektor) auf die Bereiche der Güter-Distribution, der Verwaltung und der Dienstleistun-gen übergegriffen; und das bedeutet, dass die Zahl der Arbeitsplätze insgesamt abnimmt.

Der im Rahmen profitabler Unternehmungen notwendige Aufwand an Ar-beitszeit (und damit die Zahl der Arbeitsplätze) wird in allen Bereichen verringert.

Derartigen gesellschaftlichen Vorgängen kann nicht begegnet werden durch die Wiederholung des schlechten – und sich keineswegs bewährt habenden – Alten; etwa durch „Qualifikationsoffensiven", bei denen eine enge berufliche Aus- und Weiterbildung forciert wird.

Denn gerade wenn es tatsächlich einen ständigen und raschen Wandel der Qualifikationsanforderungen im Beruf gibt, wäre es am besten, von staatlicher Seite für eine möglichst hoch qualifizierende Allgemeinbildung bei möglichst vie-len Menschen zu sorgen und die besondere berufliche Anpassungsqualifizierung den – daran ja interessierten – Unternehmen zu überlassen: der Staat sollte also – im Interesse der Arbeitenden und Arbeit Suchenden – für mehr (und bessere) allgemeine Aus- und Weiterbildung sorgen, und nicht unbedingt für spezialisierte berufliche Ausbildung oder Umschulung.

In einem Artikel in der Zeitschrift „The Economist" wurden vor mehr als zwanzig Jahren einige kritische Anmerkungen zu, scheinbar, sicheren Zusammenhängen zwischen Aus- und Weiterbildungsmaßnahmen und der Sicherung oder Gewinnung von Arbeitsplätzen gemacht.[10]

Es wurden dabei auch das deutsche und das amerikanische Erziehungssystem gegenübergestellt.

Das deutsche Erziehungssystem ist historisch betrachtet durch die im europäischen Vergleich späte ökonomische Entwicklung geprägt gewesen. Daher existieren auch noch immer charakteristische Überbleibsel mittelalterlicher Ausbildungsformen, wie das Lehrlingswesen; darüber hinaus sind auch staatliche Maßnahmen im Bereiche der beruflichen Ausbildung von größter Bedeutung für ökonomisch relativ unterentwickelte Gesellschaften. Derartige Traditionen werden allerdings weitergeführt, auch wenn sie ihren ursprünglichen Sinn längst verloren haben (oder gerade zu verlieren beginnen):

„… apprenticeships are inflexible and antiquated, good at turning out skilled car workers but bad at producing software programmers or television producers …

… modern manufacturing techniques demand flexible generalists, capable of turning their hands to a wide range of jobs."[11]

Verursacht durch die Periode der Vollbeschäftigung in den 1960er und frühen 1970er Jahren haben gerade deutsche (aber auch viele andere europäische) Gewerkschaften historische Erfahrungen der Arbeiterbewegung verdrängt und oft bedingungslos auf berufliche Aus- und Weiterbildung gesetzt, parallel zu und in Übereinstimmung mit den Unternehmern, ohne zu bedenken, dass die engen beruflichen Qualifikationen jene sind, die unter kapitalistischen Bedingungen am schnellsten veralten, wertlos werden und die Individuen weitgehend den „natürlichen" Vorgängen des Arbeitsmarktes ausliefern.

Dies führt aber in der Folge auch zu einer Schwächung der gewerkschaftlichen Organisation, da Jugendliche zunehmend der allzu frühen spezialisierten Berufsausbildung und der allzu frühen Berufsausübung (für die im Übrigen ohnehin oft wiederum Arbeitsplätze fehlen) zu entgehen trachten.

„Significantly, German adolescents are voting with their feet on the merits of apprenticeships:

more than half of school leavers, a record, are now choosing to go into higher education rather than take an apprenticeship."[12]

---

10 „Training for Jobs". In: The Economist, March 12th 1994, 21–28
11 „Training for Jobs". In: The Economist, March 12th 1994, 28
12 „Training for Jobs". In: The Economist, March 12th 1994, 28

„Given that Germany's universities are some of the worst organised in the rich world, with a mass of absentee professors and an average graduation age of more than 30, this should send a significant message to the German establishment."[13]

„Indeed, the American tradition of providing people with masses of general academic education, including a start at university for half the population and plenty of second chances for everyone, and leaving specific training to the market is becoming more, rather than less, relevant. Economists have long argued that the returns on general education are higher than those on specific training, because education is transferable whereas many skills tend to be job-specific."[14]

Bildung ist kein Ersatz für Politik und Bildungs-Politik kann kein Ersatz für eine aktive Arbeitsmarkt- (und sonstige Sozial-)Politik sein; aber Bildung kann Beiträge zur Lösung der bestehenden Arbeitsmarkt-Probleme leisten: indem darüber aufgeklärt wird, welche Ursachen ihnen tatsächlich zugrunde liegen; und indem den einzelnen der Erwerb einer möglichst hochwertigen allgemeinen Bildung ermöglicht wird, die dazu beiträgt, die eigene und die soziale Situation einigermaßen einschätzen und entsprechend handeln zu können.

Das alles bedeutete auch die ständige Verknüpfung von allgemeiner, berufsorientierter und politischer Bildung.

---

13 „Training for Jobs". In: The Economist, March 12th 1994, 28
14 „Training for Jobs". In: The Economist, March 12th 1994, 28

Johann Dvořák

Nachwort

Zur Stellung (und zu möglichen Funktionen) der Bildungsarbeit mit Erwachsenen im Erziehungssystem

Seit das Regelerziehungswesen, und auch die höhere Schulbildung und die Universitäten, nicht mehr allzu sehr zum sozialen Aufstieg der Individuen beitragen; seit die Versorgung der Bevölkerung mit recht hochwertigen (und die alltägliche Lebensqualität steigernden) öffentlichen Dienstleistungen systematisch abgebaut wird, hat das Bildungswesen insgesamt wesentliche Funktionen, die es im einstigen wohlfahrtsstaatlichen System gehabt hatte, eingebüßt.

In den vergangenen drei Jahrzehnten ist das Bildungswesen (in Europa und den USA) nicht wirklich verbessert worden; aber es ist der Eindruck erweckt worden, als ob politisch sehr viel unternommen wurde (und wird), um zu verändern, und die Veränderungen eine Anhebung der Bildungsstandards, eine stete Qualitätsverbesserung der Bildungsangebote gebracht hätten. Diese angeblichen Verbesserungen sind meist verknüpft mit diversen Evaluationen, Einschätzungen und Überprüfungen von einzuhaltenden Verfahren und damit einhergehenden Zertifizierungen.

All diese vermeintlichen Verbesserungen haben wenig mit der Bildungswirklichkeit, mit den Auswirkungen des Erziehungssystems auf die Masse der Bevölkerung, mit den tatsächlichen gesellschaftlichen Funktionen des Erziehungswesens zu tun; es ist wie im Märchen von des Kaisers neuen Kleidern.

Die Verdrängung der historischen Erfahrungen, der Mangel an sozialgeschichtlichen sowie an theoretisch fundierten sozialwissenschaftlichen Studien führen unter anderem dazu, dass bei Auseinandersetzungen mit aktuellen Fragen des Bildungswesens die Zusammenhänge zwischen verschiedenen Bereichen der Gesellschaft nicht oder nur mangelhaft gesehen werden.

Erwachsenenbildung, die sich ihrer historischen Wurzeln und Traditionen nicht besinnt, und die Hoffnung auf eine zunehmende Bedeutung im Bildungswesen aus vermeintlichen gesellschaftlichen Notwendigkeiten und vor allem aus der Anpassung an das Regelerziehungssystem und die dort verbreiteten „Standards", „Qualitätssicherungen", „Zertifizierungen" etc. bezieht, verbleibt ein relativ ohnmächtiger Bildungssektor.

Nach wie vor ist das Erziehungswesen keineswegs eine Summe von Institutionen, die vor allem darum bemüht sind, der Masse der Bevölkerung ein möglichst
hohes Maß an Kenntnissen und Fertigkeiten zu vermitteln.

Aber: Nach wie vor lässt sich feststellen, dass höhere Bildungsabschlüsse den
Individuen eine umfangreichere Auswahl an Lebensmöglichkeiten und Lebensperspektiven verschaffen, auch wenn ein Bildungsabschluss an sich weder einen
sicheren Arbeitsplatz, noch unbedingt eine höhere soziale und wirtschaftliche
Stellung garantiert.

Also lohnt es sich in gewisser Weise für die einzelnen sehr wohl, nach höheren
formalen Abschlüssen sowie nach brauchbaren Kenntnissen und Fertigkeiten zu
streben, auch wenn diese unter Umständen momentan nicht besonders gefragt
und auch nicht mit höheren Lohnzahlungen vergolten werden.

Dabei ginge es aber stets um ein Lernen für sich selbst, um den Erwerb einer
möglichst hochwertigen allgemeinen Bildung, die dazu beiträgt, die eigene und die
soziale Situation einigermaßen einschätzen und entsprechend handeln zu können;
es geht um ein Wissen auf Vorrat, das nicht ohne weiteres (durch momentane
veränderte Anforderungen) wertlos gemacht werden kann.

Es ginge in der Bildungsarbeit mit Erwachsenen um die (Wieder-)Gewinnung
einer politischen, einer demokratischen Dimension, um die Verbindung mit den
Interessen der überwiegenden Mehrheit der Bevölkerung.

Das individuelle wie das gesellschaftliche Leben müssen als planbar und gestaltbar erscheinen – und es auch sein.

Das individuelle und soziale Leben dürfen nicht bloß als eine Welt der äußeren
Zwänge (an die man sich eben rasch und geschickt anzupassen hat), der individuellen und kollektiven Ohnmacht erscheinen, sondern als bewusst gestaltbar.

Die Qualität der Bildung ist daran zu messen, ob und in welchem Maß sie die
dafür notwendigen Kenntnisse, Einstellungen und Fertigkeiten vermittelt.

Wer sich nicht auf der Höhe der kulturellen Möglichkeiten der jeweiligen
Gesellschaft zu bewegen vermag, wer die vorhandenen Medien (von Büchern
angefangen) nicht adäquat zu nutzen versteht, wer nicht die Möglichkeit hat, die
eigenen Ansichten und Interessen ausreichend durchdenken, artikulieren, anderen Menschen mitteilen zu können, ist wesentlich in den politischen Wirkungs-
möglichkeiten eingeschränkt.

Um dem begegnen zu können, bedarf es vielfältiger, auf hohem Niveau sich
bewegender, Bildungs- und Kultur-Angebote.

Lesen als Form einer – relativ eigenständigen – Selbsterziehung und die or-
ganisierte Kommunikation über Gelesenes als Vorbereitung und Übergang zu

bewusster individueller und gesellschaftlicher Lebensgestaltung wären jedoch (mit dem Wissen um ihre frühere Bedeutung) durchaus zu reaktivieren.

Dies bedeutete aber auch die Wiedergewinnung einer wesentlichen politischen und demokratischen Dimension neuzeitlicher, moderner Literarität und (Selbst-) Bildung.

Es ginge in der Erwachsenenbildung um den Auf- und Ausbau eines relativ eigenständigen Bildungssektors, in dem die Menschen sich tatsächlich all jene Kenntnisse, Fertigkeiten und Einstellungen aneignen können, die es ihnen gestatten, sowohl ihre Arbeitskraft besser verkaufen wie auch ihr Leben besser gestalten zu können; um den Auf- und Ausbau eines gesellschaftlichen Bereiches, in dem Demokratie verstanden und gelernt wird, und von dem ausgehend die einzelnen Menschen die erworbenen Kenntnisse und Fertigkeiten in anderen gesellschaftlichen Bereichen anwenden können.

Wiener Moderne
Schriftenreihe des Instituts für Wissenschaft und Kunst (IWK)

Herausgegeben von Johann Dvořák

Band 1   Johann Dvořák (Hrsg.): Staat, Universität, Forschung und Hochbürokratie in England und
Österreich im 19. und 20. Jahrhundert. 2008.

Band 2   Angela Bergauer/Johann Dvořák/Gernot Stimmer: Zur Entwicklung der Erwachsenenbildung in Österreich nach 1945. Strukturen, Zusammenhänge und Entwicklungen. 2016.

www.peterlang.com